JN074239

超入門

コンパクト
租税法

木山泰嗣 著
Kiyama Hirotsugu

第2版

COMPACT
TAX LAW

中央経済社

注意事項

◎ 本文のなかで引用されている各書籍については，本書執筆当時における最新の版に基づいていますが，租税法の書籍は，税制改正が毎年あることもあり，版の改訂が，他の法律書よりも頻繁になされます。読者の方が本書を読まれる際には，この点にご留意ください。なお，本書で多く引用をした金子宏名誉教授の『租税法』については，全体の目次や分量のバランスなどを参考にしていただく趣旨としてご紹介した部分が，（各種租税法の大改正がない限り）改訂によって大きく変わることは当面ないと考えられます。この点は，ご安心してお読みください。

◎ 本書では，できるかぎり条文を重視した学習がスムーズに行えるよう，関連する条文がある場合，必要な限度で，囲みで該当条文を紹介しています。その際，漢数字を算用数字に変換するなどのレイアウト上の変更をしています。この条文は本書執筆時現在のものですので，学習する際にはできるかぎり学習時における法令を参照するように心がけてください。なお，本文に囲みで紹介した条文，引用した判例等に付した下線，ゴシック，傍点は，いずれも，筆者が学習の便宜から加えたものです。

改訂版まえがき

　さまざまある法分野のなかでも，「これは難解」と思われがちな科目。それが，「租税法」でしょう（租税法は「税法」と同義ですが，本書では「租税法」と呼びます）。

　各種租税法（所得税法，法人税法，相続税法，消費税法等）は，「**どのような場合に課税がされるか**」を規定しています。これは，具体的にいえば，「どのような場合に，**納税義務が生じるのか？**」という課税要件の問題です。法学の見地からは，「要件と効果」という問題ですが，こうした視点でみると「租税法」も，他の法分野と同じといえます。

　もっとも，「租税法」には，他の法分野と異なる独特の部分があるのは，確かです。

　最大の違いは，各種租税法が「どのような場合に，納税義務が生じるか？」という要件・効果（課税要件の問題）を定めながらも，実際には，「**具体的に，いくらの税額になるのか？**」という「**税額計算の方法**」の詳細を規定している点にあるでしょう。

　こうした「税額計算の方法」を条文全体で定める「法」は，租税法以外にはありません。この点に，他の法分野と異なる「租税法」の特殊性があります。

　これに加え，租税法は国税については「税目」（税金の種類）ごとに，別に法律が定められているという点で（一税目一法律主義の原則），対象となる法律（条文）の数がとても多いという特殊性もあります。

　これらの「租税法の特殊性」を正面から受け止めたときに，初学者にとって「馴染みにくさ」を与えている最大の要因があるとすれば，次の1点にあると思います。

　それは，**法学共通のお約束である**「**法学入門**」と同様に，租税法共通の

お約束である「租税法入門」が必要であるはずなのに，そのような科目（書籍）がないことです。

　タイトルとしては「租税法入門」のような書籍はもちろんありますが，「法学入門」レベルまでの「超入門」でとどまるものは，ほとんどみられないように思います。

　また，大学の法学部の授業でも，今日では「法学入門」という科目は定着してきましたが，「租税法入門」という科目は，あまりみられません。

　このような**「租税法の特殊性」**を分析したときに，初学者が租税法学習の最初につまずく（難しいと感じる）原因を除去するための1冊として世に問うことを考えたのが，この『超入門コンパクト租税法』になります。

　初版の刊行から約7年が経過し，その間に6回の増刷がなされました。

　筆者としても，ちょうど，税務訴訟を扱う弁護士（実務家）から，教育研究にたずさわる大学教員に転身する直前の初版刊行であったため，大学生に租税法を教えて7年が経ったことにもなります。

　その蓄積を踏まえて改めて本書を見返してみると，なかなかユニークな「租税法入門」の本になっていることがわかりました。

　この点で，改訂版においては，7年の歳月を経るなかで情報が更新された部分（法改正，最新判例，刊行書籍の情報等）のリニューアルをメインとし，細かな加筆修正はしましたが，大きな変更はしませんでした。

　ただ，担当編集者の奥田真史さんからのご提案で，第8章「租税法のリサーチ」を新たに執筆し，情報入手の方法も提示しました。また，第6章の「答案の書き方」については，最新の判例を踏まえて問題2を修正したほか，解答例及び解説も大幅に加筆し，より詳細にしました。

　読者の皆様に「租税法，おもしろい」と思ってもらえるような，ユニークなテキストとしてご使用いただければ嬉しく思います。

2022年2月

木 山 泰 嗣

初版まえがき
―租税法，おもしろい―

　本書は，租税法の入門書です。といっても，租税法は，所得税法，法人税法，消費税法，相続税法，国税通則法，地方税法……と，たくさんの法律から成り立っています。そのすべてを網羅した入門書をつくるのは困難ですが，すべてに応用できる「思考の軸（じく）」をお伝えするのが本書です。

　租税法（本文で後述するように「税法」ともいいます）は，上記に挙げたようなひとつひとつの法律の総体を指す名称で，ひとことでいえば「税金に関する法律全般」ということになります。しかし，あまりに多くの法律が存在しているため，これを「法学」の観点から，入門的に学ぶことがとてもむずかしい分野になっているようです。

　大学生に聞くと「租税法はむずかしそう。とりたくない」という人もいますし，司法試験の選択科目の1つなのですが，その選択者は全体の10%にも満たない受験生しか選択していない現状もあります。

　しかし他方で，ロースクール生でも，租税法を選択している人は，他の法律も含めて積極的に学ぶ意欲が高い人が多いというのも，経験的に感じています。税務専門の事務所に所属し，租税を中心に弁護士としての仕事をしてきたということもあって，租税法選択で，弁護士になった人を多く知っていますし，これから司法試験にチャレンジしようとしている学生も多く知っています。そういう人たちに聞くと「租税法，おもしろい」と，みなさん口をそろえていうのです。選択している人たちが「むずかしい」というのであれば，おすすめできませんが，みなさん「おもしろい」というところが，租税法という科目の不思議な魅力をあらわしていると，わたしは思っています。

　その魅力がなんであるかを知るためには，租税法を学習しないとわから

ないのですが，ひとことでいえば，他の基本科目の延長戦上にある，ということが挙げられます。

　本文でくわしくお話をしますが，租税法は「行政法」のひとつです。その意味で，現代社会で重要性が増している行政法の一部をかいまみることができる科目です。それだけでなく，租税法の出発点は，「憲法」が定める「租税法律主義」にあります（84条）。したがって，租税法を学ぶことは，憲法を学ぶことにもつながります。さらに，租税法は，私人間で確定される法律関係に適用されます。そのため，私人間の法律関係を規律している「民法」，ビジネスの場合は「商法」「会社法」もからんでくるのです。脱税などの租税犯罪の場合には「刑法」ともからんできます。手続についても同様です。行政手続法，民事訴訟法，行政事件訴訟法などが，租税法が対象にする「課税」の確定や，これを争う手続で登場します（特別法としての国税通則法も登場します）。

　このように，**租税法を学ぶと，必然的に，法学部で学ぶ基本的な法律を，より深く知ることができます。**また，税務訴訟（租税訴訟ともいいます）といって，実務では，大企業などが数千億円の課税処分の取消しを求めて，国税とダイナミックに戦う法廷闘争があります。租税にかかわる弁護士は，こうした訴訟の代理人をつとめ，国と果敢に戦います。そして，その結果である判決は，新聞等でも大きく報道されることがあります。

　訴訟前の不服申立ては，税理士も代理人になれます。行政手続ですが，実質は税務訴訟の前哨戦です。租税法の「解釈」や「適用」をめぐり，論戦が展開されます。さらにその前段階である「税務調査」は，企業であれば定期的に受けることが多い行政調査で，顧問税理士が活躍する場面です。最近では，法律の専門家である弁護士も，税務調査に関与するようになってきていますが，まだまだ足りないといわれています。

　このように，法律を学習する人にとって，他の基本科目の延長線上にあり，それを学ぶだけでも，さまざまな基本法を理解できるメリットがある

租税法は，社会的にも，きわめて実務的な法律なのです。

　それにもかかわらず，「むずかしそう」というイメージが定着しているため，まだ法律を学びはじめた段階の大学生（法学部生）にとっては，とっつきにくい科目の代表格かもしれません。

　そこに，本書の存在意義があると思っています。まず，わたし自身が，大学（法学部）時代に，租税法が好きで「租税法オタク」のようにガンガン勉強していたかというと，そういうことではまったくないのです。

　わたしが租税にかかわるようになったのは，司法試験に受かって弁護士になってからです。入所した事務所が租税に強い事務所だったこともあり，税務訴訟の代理人をするなかで，訴訟での主張・立証を組み立てるなかで，必要にせまられて租税法を学んでいったのです。弁護士になって租税の案件にたずさわるまでは，ほかなるわたしも「租税法はむずかしそう」というイメージをもっていました。

　しかし案件にたずさわって思ったのは「これは憲法だ」ということでした。基本は「租税法律主義」だからです。同時に「民法や刑法などの他の法律と同じだ」ということです。租税法も他の法律と同じように「法解釈とあてはめをする法律」だったからです。

　他の法律と違うダイナミズムもありました。どのような解釈をし，どのようなあてはめをするかで，税金の金額が大きく変わってくるからです。法解釈が異なるだけで，1,000億円を超える税金が発生したり，それが0になったりという事件も，じっさいにあります（武富士事件。最高裁平成23年2月18日第二小法廷・判例タイムズ1345号115頁）。だからこそ，国税（課税庁）も，さまざまな理屈を考えて，処分（行政処分）を行い，納税者も行政訴訟を提起して，その取消しを求めて戦うのです。

　このように，たしかに「おもしろい」租税法ですが，現実には，法律の数が多く，ひとつの法律（所得税法，法人税法など）だけをみても，分量が多いことは否めません。それが近づきにくい原因だと思うのですが，実

務（訴訟）から入って租税法にたずさわった感覚では，租税法の「基本事項」はそれほど多くはない，ということです。

　そして，その基本事項を「武器」として手にしてしまえば，あとはすべてその応用で考えられるようになる，ということです。租税を専門に仕事をしている人たちも，その都度，条文を引いて，コンメンタールや判例を調べています。ただし「基本的な思考」は身についているので，調べれば早いのです。

　本書の目的は，「租税法を学ぶための思考法」の獲得です。租税法の入門書という位置づけですが，「租税法の思考法」にスポットをあてた「超入門書」になります。思考法というのは「考え方」です。「所得税法」の考え方（思考法）を知れば，あとはその応用で考えられるようになります。そして，そのために知るべきこと，学ぶべきことは，じつは思いのほか少ないのです（本書を読めば，その思考法の基礎がわかるようになります）。

　「むずかしそう」というイメージがあるなかで，「決してむずかしくはない思考法」を読者の方に身につけていただくために，全体の構成を工夫しました。他にはない独自の構成をとっていますから，順番に読んでいただくのが一番よいと思っています（好きなところから読まれるのももちろん，読者の方の自由です）。

　ある法律の思考法をマスターするための「秘訣」をお教えしましょう。それはシンプルで2つのことに収れんされます。その法律の「体系」と「用語」をマスターすることです。租税法にかぎらず使える学習法ですが，租税法は，体系が独特で，用語にくせがあるため，とくに有用だと思います。

　「体系」と「用語」をマスターすればいいんだ，そう思いながら本書を読み進めてください。あなたも，きっと本書を読み終わるころには，「租税法，おもしろい」と思えるようになっているはずです。

なお，本書は，大学の講義で租税法（税法）を履修しようと思っている人，履修してみたけどむずかしいと感じている人に読んでいただければと思ってつくりました。租税法を履修されている法科大学院生にも，役に立つものになるよう内容を工夫してつくっています。

　税の実務に精通されている税理士の先生にとっても，ふだん身近に扱われている税について法的な視点で整理し直すことができると思います。また，法学としての租税法を扱っていますので，法律に精通されている方（弁護士や，企業法務を担当されているビジネスパーソンなど）でも，あらたに税について学びたいという方にも参考になる1冊だと思います。

　いろいろな人が対象なのだなと思われたかもしれませんが，「大学2年生が初めて租税法を学ぶときに読んで雰囲気がつかめる1冊」ということを明確に意識してつくったのが，本書です（それとは別に，くりかえし読んでも，読むたびに味わいが変わる本になるようにも工夫をしたのです）。

　どうぞ，リラックスして，気軽な気持ちで，楽しみながら，お読みください。

2015年1月

木山泰嗣

■目　次

「租税は，国家が，その課税権に基づき，特別の給付に対する反対給付としてでなく，その経費に充てるための資金を調達する目的をもつて，一定の要件に該当するすべての者に課する金銭給付であるが，およそ民主主義国家にあつては，国家の維持及び活動に必要な経費は，主権者たる国民が共同の費用として代表者を通じて定めるところにより自ら負担すべきものであり，我が国の憲法も，かかる見地の下に，国民がその総意を反映する租税立法に基づいて納税の義務を負うことを定め（30条），新たに租税を課し又は現行の租税を変更するには，法律又は法律の定める条件によることを必要としている（84条）。」

（最高裁昭和60年3月27日大法廷判決・民集39巻2号247頁）

第1章

他の法体系との関係から「租税法の輪郭」を知ろう

1 憲法との関係

これから租税法を学ぼう。そういう人は，憲法や民法などの他の法律科目を，少しは学んだことがあると思います。

租税法は，法学部の履修科目では**「応用科目」**（専門科目）に位置づけられていますから，大学1年生で「租税法」の授業をとる，ということはあまりないと思います。

法学部に入学すると，まずは「憲法」を学びますよね。そして「民法」も学び始めるはずです。租税法は，この「憲法」との結びつきが，じつはとても強いのです。

あとでみるように，租税法で学ぶ判例（裁判所の判決例）は，憲法で学ぶ判例と重なっているものがあります。

その意味では，租税法を学び始めると，基礎科目である「憲法」の理解も深まる，という効果がでてきます（そうと聞けば，憲法の学習のためにも，租税法を学ばない手はないですよね）。

<u>法律を学ぶためには「判例」の理解が欠かせません。</u>有斐閣からでている『判例百選』が，昔もいまも定評のあるテキスト（バイブル）ですから，これをちょっとみてみましょう。

といっても，いきなり『租税判例百選』をみるのではありません。少しはなじみがある人もいると思いますので（ぜんぜんなじみなんてないです，ということでも大丈夫です），長谷部恭男・石川健治・穴戸常寿編**『憲法判例百選Ⅰ・Ⅱ〔第7版〕』**（有斐閣，2019年）をみてみたいと思います（以下**『憲法判例百選〔第7版〕』**といいます）。

順番にチェックしていくと，けっこうでてきます。租税法が問題になっ

ている憲法の判例が，ほら。こんな感じです。

① 「酒類製造免許制と酒を造る自由―どぶろく裁判」（最高裁平成元年12月14日第一小法廷判決・刑集43巻13号841頁【21】）
② 「所得税の不平等―サラリーマン税金訴訟」（最高裁昭和60年3月27日大法廷判決・民集39巻2号247頁【31】）

(注) わかりやすいように，タイトルは『憲法判例百選〔第7版〕』につけられているものを引用しています。また，【　】の番号は，同書における判例の番号です。以下，同様です。

　まずは2つ挙げましたが，ここに挙げた2つの最高裁判決のうち，②は，中里実・佐藤英明・増井良啓・渋谷雅弘・渕圭吾編『**租税判例百選〔第7版〕**』（**有斐閣，2021年**）にも掲載されています（同書で，②は「憲法と租税法―大嶋訴訟」というタイトルで【1】に掲載されています）。

　このように取り扱う判例が重複しているということは，憲法を学べば，租税法の理解も進み，逆に租税法を学んでおけば，憲法の理解がより深くなる，という関係にあるということです。
　憲法の「統治」（統治機構）を勉強したことがある人は，「それは租税法律主義があるからじゃないですか，憲法84条に」と思われたかもしれません。それはとても，鋭いご指摘です。
　憲法84条には，次のように「**租税法律主義**」と呼ばれる考え方が書かれています。

> **憲法84条**
>
> 「あらたに租税を課し，又は現行の租税を変更するには，法律又は法律の定める条件によることを必要とする。」

これは，アメリカ独立戦争（1775－1783年）における「**代表なくして課税なし**」というスローガンを思い浮かべるとわかりやすいです。その起源は，国王の戦費を徴収する権限に制限をかけたイングランドの**マグナ・カルタ**（1215年）にある，といわれています。

<u>ひとことでいえば，国民から税金をとるためには，「国会」で「法律」で決めなければならない，ということです。</u>国民には「**納税の義務**」がありますよね（憲法30条）。

これも，みておきましょう。

> **憲法30条**
>
> 「国民は，法律の定めるところにより，納税の義務を負ふ。」

社会の授業で，憲法の「国民の三大義務」を習ったと思います。そのうちのひとつです（ほかには「教育の義務」（26条2項），「勤労の義務」（27条1項）がありましたね）。

しかし，この憲法30条。よくみると「法律の定めるところにより」という文言が入っています。「納税の義務」が国民の義務であるといっても，どのような場合に納税すべきかについては「法律」に書かれている場合に限られるということです。これは，さきほどみた租税法律主義（憲法84条）とリンクしています。

<u>租税法律主義は，民主主義の大原則ともいわれています。</u>それは，次の理由によります。国家権力が，私有財産制度のもとで，また，国民1人ひ

とりに保障されている財産権（憲法29条）のなかから，強制的に徴収できるのが「国家の課税権」（税金を課す権限のこと）です。

　しかし，こうした課税については，国民の代表者（選挙で選ばれますよね）である国会議員が，国会で議論をして決めたルール（つまり法律）で決めなければならない，とすることで，「自分たちに課される税金は，自分たちで決める」ことにしたのです。

　このように，国民に保障される財産権に対して制約をするものが「課税」ですが，それは「民主主義の大原則」によって規律されています。そこで「税金に関するルール」である，この「租税法律主義」が憲法に規定されているのです。また，日本国憲法の制定段階では，原案を作成したGHQから「義務化」する規定を入れる必要はないのではないかといわれたようなのですが，権利ばかりではよくないという考えから帝国議会で修正されて「納税の義務」が憲法30条に規定された，といわれています。

　納税が国民の義務とされるのは，社会保障などの充実が求められる福祉国家（憲法25条）のもとでは，国家運営のための費用として国民が負担すべきものだから，と考えられています。これは納得できるでしょう。

　深入りしませんが，ここで問題とされるのは，税額（国民負担）の重さや，国民の間での公平性であり，徴収された税金の使途などです。こうした問題は時事問題としても，よく議論されていますよね。

　租税法は，こうした問題を深く理解するための前提にもなりますから，単に法律科目として学ぶ（他の科目の理解も深まる）ということだけでなく，主権者である国民としての考え方を深めるための勉強にもなります。

　憲法84条が定める「租税法律主義」は，金子宏名誉教授の大著『租税法〔第24版〕』（弘文堂，2021年）によれば，以下の４つが含まれているとされています。

```
┌─────────────────────────────┐
│  ①  課税要件法定主義          │
│  ②  課税要件明確主義          │
│  ③  合法性の原則              │
│  ④  手続的保障原則            │
└─────────────────────────────┘
```

　少し脱線しますが（でも重要なので，最初にお話しておきますね），金子宏先生のこの緑色の本は「租税法のバイブル」と呼ばれ，租税に関する行政訴訟（「**租税訴訟**」あるいは，「**税務訴訟**」と呼ばれます）でも，課税庁（被告）や納税者（原告）が裁判所に提出する準備書面などでよく引用されています。

　1976年に初版が刊行されてから，2021年の第24版まで，45年にわたり版を重ねてきました（現在では1,200頁を超えています）。そのため，最初に読む本としては難しいかもしれませんが，何か調べるときには役立つ「辞書」になると思います（詳しくは第7章の「租税法のブックガイド」でお話をします）。

　租税法律主義の具体的な内容（上記の4つ）については，あとでまた詳しくお話したいと思います（48頁～51頁，159頁以下）。なお，同書では，以上の4つに加えて，⑤**遡及立法の禁止**，⑥**納税者の権利保護**も，租税法律主義の内容に含まれるべきとされています（同書80頁）。

　ここでは，租税法が，おそらく読者の方も少しは学んだことがあるはずの「憲法」に関連するものなのだと，わかっていただくことが目的でしたので，いったん終えたいと思います。

　「判例の続きはどうなっているんだ？」と思われていた方もいるかもしれません。最後に『憲法判例百選〔第7版〕』に掲載されている，租税法の判例の続きを挙げておきます。

③ 「酒類販売の免許制」（最高裁平成4年12月15日第三小法廷判決・民集46巻9号2829頁【94】）

④ 「行政手続と令状主義および黙秘権—川崎民商事件」（最高裁昭和47年11月22日大法廷判決・刑集26巻9号554頁【114】）

⑤ 「犯罪嫌疑者に対する質問調査手続と黙秘権」（最高裁昭和59年3月27日第三小法廷判決・刑集38巻5号2037頁【119】）

⑥ 「刑罰と重加算税の併科」（最高裁昭和33年4月30日大法廷判決・民集12巻6号938頁【122】）

⑦ 「所得税の課税最低限と生存権—総評サラリーマン税金訴訟」（最高裁平成元年2月7日第三小法廷判決・訟務月報35巻6号1029頁【133】）

⑧ 「通達課税と租税法律主義」（最高裁昭和33年3月28日第二小法廷判決・民集12巻4号624頁【A16】）

⑨ 「国民健康保険と租税法律主義—旭川市国民健康保険条例事件」（最高裁平成18年3月1日大法廷判決・民集60巻2号587頁【196】）

⑩ 「租税法律における遡及的立法」（最高裁平成23年9月22日第一小法廷判決・民集65巻6号2756頁【197】）

⑪ 「自治体の課税権—神奈川県臨時特例企業税事件」（最高裁平成25年3月21日第一小法廷判決・民集67巻3号438頁【201】）

(注) 『租税判例百選〔第7版〕』では，⑧は「租税法の解釈と通達—パチンコ球遊器事件」というタイトルで【6】に，⑨は「租税法律主義における租税の意義—旭川市国民健康保険条例事件」というタイトルで【2】に，⑩は「納税者の租税法規上の地位の遡及的変更」というタイトルで【3】に，⑫は「自主財源主義—神奈川県臨時特例企業税」というタイトルで【7】に，掲載されています。

以上をみると，租税法律主義との関係であれば，「統治（統治機構）」のみにでてきそうな租税判例が，「統治」に限らず「人権」でも幅広く存在

することがわかります（上記①〜⑦は「人権」で，⑧〜⑪が「統治」です）。

　憲法と租税法の接点は，思いのほか多いです。この点は，頭の片隅でいいので，とどめておいてください（いつかきっと，役に立ちます）。

2 刑法との関係

　さて次は，本当は「民法・商法・会社法との関係」に入りたいのですが（租税法を学ぶにあたっては「民法・商法・会社法との関係」のほうが重要だからです），先に「刑法との関係」について，簡単に触れておきたいと思います。

　どうしてかというと，おそらく読者の方が，さきほどの「憲法との関係」で挙げた「憲法の判例」（①〜⑪）をみたときに，「刑法がらみも多そうだな」という印象をもたれたのではないかと思ったからです。

　実際には「租税法」の教科書において，「刑法」（「租税処罰法」といったりします）部分は，きわめて少ないです。

　たとえば，先ほどお話をした金子宏先生の『租税法〔第24版〕』をみると，刑法関連の解説があるのは「第5編　租税処罰法」のみなのですが，これは1143頁から本文の最終ページにあたる1171頁までです。約1,250頁あるテキストのなかで，30頁程度しか，解説に紙面が割かれていないのです。

　税金というと，一般にイメージされるのは，「脱税」をした人が逮捕されるニュースかもしれません。脱税は犯罪です。ですから，ここでは，犯罪と刑罰を定めた法律である「刑法」の特別法としての「租税法」が問題になります。脱税は，租税処罰法の典型例です。

　近時，大阪の会社員（当時）が，自宅のパソコンを使って競馬の馬券購入をして利益（所得）を得ながら，所得税の申告をしていなかったことを理由に起訴され，刑事事件の裁判（刑事訴訟）になった事案もありました。新聞やニュースでも大きく報道されていたので，聞いたことがある人

もいるかもしれません。

　この事件については，最高裁が被告人に懲役2月の有罪判決を下しました。しかし，内容的には検察官（国）の敗訴に等しいものでした。第1審（大阪地裁平成25年5月23日判決・刑集69巻2号470頁），控訴審（大阪高裁平成26年5月9日判決・判例タイムズ1411号245頁），上告審（最高裁平成27年3月10日第三小法廷判決・刑集69巻2号434頁）ともに，検察官の主張（競馬で得た利益は「一時所得」にあたるので，外れ馬券の購入費用は経費として認められないとの主張）を排斥したためです。

　あとでお話するように，個人が得た所得についての税金を定めた法律である「所得税法」では，その所得を得た原因や性質によって10種類の所得（これを「所得区分」「所得分類」といいます）に分けていて，どの所得にあたるかで税額の計算方法が異なります。そして，検察官が主張したように，もし一時所得にあたるのであれば，外れ馬券の購入費用は経費として引くことができず，逆に被告人（納税者，元会社員）が主張したように，雑所得にあたるのであれば，外れ馬券の購入費用は経費として引くことができるという図式で，争いになったのです。

　裁判所は雑所得にあたるとして，検察官の主張を排斥したため，外れ馬券の購入費用は「必要経費」として，当選馬券で得た「収入」から控除したうえで「所得」が算定されることになったのです。そのため，申告していなかった所得税の額（約5,000万円）は，検察官が主張するような大きな金額（約5億7,000万円）にはならなくなり，懲役2月（執行猶予2年）と，きわめて軽い刑が宣告されたのです。

　租税法は，このように被告人が起訴される場面では，刑法の特別法として，それぞれの租税法の罰則を定めた規定の適用が問題になります。というのも，脱税などの税金についての犯罪は，「刑法」ではなく，所得税法，法人税法，相続税法，消費税法，というように，それぞれの税金を定めた法律のなかで規定されているからです。これを金子先生のご著書の言

葉を借りれば，上記のとおり，**「租税処罰法」**ということになります（この部分については，「刑法の特別法」〔**特別刑法**〕ということになります）。

　たとえば，さきほどの競馬大阪事件の例では，「単純無申告犯」という所得税法が定める犯罪（所得税法241条）が問題になりました。こうした特別法の犯罪については，刑事手続のなかでは，刑法の「窃盗罪」というような罪名（犯罪の名前）ではなく，単純に**「所得税法違反」**という罪名で起訴され，審理されることになります。

　さて，たとえば所得税法に，どのような犯罪があるかというと，次のようなものです。

・逋脱犯（狭義の脱税犯。所得税法238条 1 項，239条 1 項）

・申告書不提出逋脱犯（同法238条 3 項， 4 項）

・不納付犯（同法240条 1 項）

・単純無申告犯（同法241条）

・不徴収犯（同法242条 3 号）

　以上が刑法との関係です。こうした租税犯罪については，刑事訴訟法の特別法として**「国税犯則取締法」**という調査・処分に関する手続を定めた法律が，かつてはありました（→27頁）。もっとも，特殊な手続なので，租税法で学ぶ機会はほとんどありません。平成30年から，同法は廃止され，現在では国税通則法に編入されています（同法第11章「犯則事件の調査及び処分」，131条－160条）。

3 ┃ 民法・商法・会社法との関係

　さて，先に刑法との関係をみましたが，こちらのほうが租税法を学ぶためには重要です。

　租税法で学ぶべきことは，先ほど金子先生の『租税法』での配分でもお話したとおり，租税処罰法（刑法の特別法）がしめる割合はきわめて少ないのです（そもそも，司法試験の選択科目としてある「租税法」で，この分野が出題されたことは，過去に1度もありませんし，授業でもあまりあつかわないのが一般的だと思います）。

　そうではなく，どのような場合に，国家（または地方公共団体）が，納税者に対して租税債権（課税権）をもつのか，という「課税要件」の問題が，租税法の学習のメインになります（さらに，地方公共団体が納税者に対してもつ課税権，その対象である**地方税**は，これまたあまり授業ではあつかいませんから，国税における課税要件がメインになります。租税法の教科書をみても，**地方税法**（固有）の解説がされている紙面は少ないです（本書では39〜44頁で解説します）。同書第24版でみると「**住民税**」および「**事業税**」が666頁から689頁まで（約20頁），「**固定資産税**」が769頁から801頁まで（約30頁），「**地方消費税**」が847頁から851頁まで（約5頁），「**不動産取得税**」が876頁から885頁まで（約10頁）ある程度です）。

　課税要件は，どのような場合に納税義務（税金を納める義務。租税債務）が発生するかを定めた要件のことです。租税法の学習においては，こうした課税要件の内容をメインにした「租税実体法」が大きなウエイトをしめます。金子先生の『租税法〔第24版〕』でも，「第2編　租税実体法」が153頁から926頁まであります。残りは手続法です。

金子宏先生の『租税法〔第24版〕』の大きな目次をみておきましょう。

第 1 編　租税法**序説**（ 1 頁〜152頁）

（これは導入部分であり，総論部分です）

第 2 編　租税**実体法**（153頁〜926頁）

（この大部分を「課税要件」が占めています）

第 3 編　租税**手続法**（927頁〜1092頁）

（くわしくは，次にお話をしますが，第 2 編が「実体法」で，第 3 編が「手続法」となっています）

第 4 編　租税**争訟法**（1093頁〜1142頁）

（ここは納税者に不服がある場合の救済法です。行政不服申立てがあるので「争訟」となっていますが，いわば「**行政救済法**」（不服申立てと訴訟）といえる部分です）

第 5 編　租税**処罰法**（1143頁〜1171頁）

（さきほどお話をしたとおり，とても短いですが，刑法の特別法にあたる部分です）

以上が，全体の体系のイメージです。

これをひとことでいえば，租税債権（課税権）については，実体法（第 2 編）と，手続法（第 3 編，第 4 編）がありますよ，そして，刑事罰（第 5 編）もありますよ，ということです。

法学を少し学んだことがある方であれば，**実体法**と**手続法**という区別は聞いたことがあると思います。たとえば，**民法**と**民事訴訟法**です。権利が発生するための実体（要件）を定めたのが実体法（民法）で，その権利を実現するための手続を定めたのが手続法（民事訴訟法）です。

租税法も，同じように考えると，上の体系がすっきりすると思います。

さて，「全体の体系の話ばかりで，民法，商法，会社法はどこにからん

でくるんだ？」と思われた方もいるかもしれません。

「民法」は「私法の一般法」ですよね。私人間での法律関係（契約など）のルールについて大本になる大原則を定めた法律です。これに対し，ビジネスにおける場面を規定したのが「商法」で，会社に関する場面を規定したのが「会社法」です。したがって，商法と会社法は「私法の特別法」といわれています。

これで結論にたどりつきます。租税法の学習において大きなウエイトをしめる「課税要件」（租税実体法）では，何をやるのかというと，当事者間で行われた取引や行為など，つまり私法が規律する法律関係や事実関係をベースに，そこにどのような課税がされるかを学びます。これを図にすると，次のようになります。

```
┌──────────────────────────────────────┐
│ 租税法（課税要件を定めた租税実体法）（①）│
└──────────────────────────────────────┘
    例）所得税法，法人税法，相続税法，消費税法など


        │  適用
        ▼

┌──────────────────────────────────────┐
│ 私法が規律する法律関係・事実関係（②）    │
└──────────────────────────────────────┘
    （民法，商法，会社法などによって決まる）
```

具体的にいうと，たとえば，離婚をしたときに財産分与をしますが，旦那さんが別れた奥さんにマンションを財産分与した場合，どのような課税がされるかという問題があります。

所得税法（所得税）と相続税法（贈与税）の双方をみることが必要なのですが，この2つは上の図でいうと①にあたります。これが租税法の勉強の一場面です。しかし，その前提としては，財産分与という法律行為につ

いて，どのような規定（要件や効果）がされているかもみなければなりません。これは，民法に規定がされています（②）。

　民法は勉強していても「親族・相続」はまだ，という方もいると思いますので，念のため条文も挙げておきます。

（財産分与）

第768条　協議上の離婚をした者の一方は，相手方に対して財産の分与を請求することができる。

2　前項の規定による財産の分与について，当事者間に協議が調わないとき，又は協議をすることができないときは，当事者は，家庭裁判所に対して協議に代わる処分を請求することができる。ただし，離婚の時から2年を経過したときは，この限りでない。

3　前項の場合には，家庭裁判所は，当事者双方がその協力によって得た財産の額その他一切の事情を考慮して，分与をさせるべきかどうか並びに分与の額及び方法を定める。

　会社が株主に配当をした場合に，どのような課税が起きるかという問題もあります。これは，株主が個人であれば所得税（所得税法）の問題になり，法人であれば法人税（法人税法）の問題になります。これは左頁の図でいうと，①です。しかし，その前提としては，会社法が定める剰余金の配当などについてみることが必要です（②）。下記の会社法の条文です。

（株主に対する剰余金の配当）

第453条　株式会社は，その株主（当該株式会社を除く。）に対し，剰余金の配当をすることができる。

　このように，租税法の学習の大部分をしめる「課税要件」を中心とした

租税実体法では，課税の前提になる事実について，民法，商法，会社法などの私法の適用が必ず問題になります。

　こういう理由で，租税法の学習では，民法，商法，会社法との関係が重要になるのです。

　あとで詳しくお話をしますが，「借用概念」というものがあって，租税法には定義を定めた規定がないけれど，民法や商法・会社法などの用語（概念）をそのまま使っている場合（たとえば「親族」「配偶者」「剰余金の配当」など），民法・商法・会社法の概念をそのまま「借用」すべきかも，問題になります。原則としてそのまま借用する考え方が，判例・通説で「統一説」というのですが，租税法独自に解釈すべきだとする考え方（独立説）もあり，裁判でも争いになることが多いです。

　また，法人税法では，法人の代表格である株式会社などの会社のルールを定めた「会社法」を前提とすることがらも多くあります（**確定決算主義**（→81頁）など）。

　租税法を学ぶと，憲法に強くなり，刑法にも触れることができます。しかし何より一番のメリットは，民法，商法，会社法などの私法をより深く理解できるようになることです。

　ここまでは実体法（**租税実体法**）についてです。手続法（**租税手続法**）も学べば，民事訴訟法，行政事件訴訟法のみならず，行政手続法，行政不服審査法，国税通則法にも触れることになります。租税法を勉強すると，「訴訟法」にも「行政法」にも詳しくなれるのです。

　行政法との関係については次の **4** で，訴訟法との関係についてはさらに次の **5** でお話します。

4 行政法との関係

　租税法は，もともとは「行政法」のひとつです。内容の専門性が高いため，「租税法」というひとつの科目となり，それに携わる研究者や専門家も分化されているのが現在です。

　法学部の授業でも，「行政法」という科目とは別に「租税法」という科目があると思います。司法試験の受験科目としても，必修科目としての「行政法」があり，それとは別に「租税法」という選択科目があります。

　租税法が行政法のひとつである以上，租税法の学習においては，行政法の知識や考え方が必要になる場面もでてきます。

　たとえば，行政法には「公定力（こうていりょく）」という概念があります。いったん行政庁によって行われた処分については，不服申立てがなされ，あるいはその取消しを求める訴訟（取消訴訟）が提起されたとしても，権限ある行政庁（または裁判所）によって取り消されない限りは，有効なものとして扱われるという考え方です。

　この「公定力」は，行政処分である**課税処分**（更正処分など）についても，同じように生じます。課税処分に不服がある納税者が異議申立てや審査請求などの不服申立てをしたとしても，取り消されるまではその処分は有効なものとされるのは，そのためです。課税処分によって生じた追徴税額を納税しなければ，処分を争っていたとしても，その納税者の財産は差押えを受けます。争訟をしても，確定判決等で課税処分が取り消されない限り，その処分が有効であることを前提にした執行は可能なのです（執行については，113頁参照）。これを「執行不停止（ふていし）の原則」といいます。

　執行不停止の原則は，公定力とともに行政法で学ぶ考え方ですが，国税

に関する課税の手続について定めた「国税通則法」でも，このことが確認されています。具体的には，国税通則法105条１項本文の定めにおいて次のように規定されています。

（不服申立てと国税の徴収との関係）

第105条　国税に関する法律に基づく処分に対する不服申立ては，その目的となつた処分の効力，処分の執行又は手続の続行を妨げない。

（以下，省略）

　租税法の学習では，課税要件を中心とした租税実体法がメインになるといいましたが，実際に課税要件を適用するための手続について最低限の知識を得ることも，租税法の学習には欠かせません。そして，課税要件を適用する際に適用される手続法が，いま挙げた「国税通則法」ということになります。

　租税法が現実に適用される場面では，大きく分けて２つのプロセスがあります。課税と徴収です。所得税法，法人税法，相続税法，消費税法などの「実体法」が定める課税要件を満たす場合，納税義務が発生します。この場合に「課税」がなされることになりますが，この課税を実現する手続法が，国税通則法です。

　しかし実際には課税をしても，納税をしない納税者もいます。その場合に，差押えや換価（公売）などの徴収を行うべき場面もでてきます。これが「徴収」のプロセスで，法律としては「国税徴収法」という手続法があります。

　「課税」と「徴収」のうち，租税法の学習では「課税」がメインですが，全体の構造は知っておく必要があります。

租税法 ┌ 課税 （国税通則法）←学習のメイン
　　　　└ 徴収 （国税徴収法）

　そして「課税」について，国税の多くは，納税者が自分で申告をして，そこで計算した税額を納めるのが原則です（たとえば，所得税法，法人税法，相続税法，消費税法はこの原則が採られています）。この原則を「申告納税制度」といいます（詳細は第5章 **2** でお話をします）。しかし，納税者は，税金のプロではありませんから間違える場合もありますし，税金を少なく申告していることもあり得ます。

　そこで二次的には，税務署や国税局などが「税務調査」を行い，法律どおりの申告がされていない場合には，**追徴課税**（更正処分などがあります）を行います。

　税務調査の手続についても，「国税通則法」に規定がされています。ただし，行政手続については「一般法」としての「**行政手続法**」があります。その「特別法」にあたるものが「国税通則法」です。多くは国税通則法により修正されていますので，学ぶべき対象は国税通則法がメインになります（原則である行政手続法に触れるべき場面も少しあります）。

（一般法）　　　　（特別法）

行政手続法　　　国税通則法

　このように租税法には「手続」を定めた法律があり，実務はこの手続に従って行われることになりますから，「国税通則法」の知識が不可欠になります。もっとも，租税法の学習としては，細かい部分にあたりますので，最低限の知識があれば十分です。

　この部分は，先ほどの金子先生の『租税法〔第24版〕』で「第3編　租税手続法」に分類されていたパートにあたります。また，酒井克彦教授

は，この部分に焦点をあてた入門書として『クローズアップ租税行政法』（財経詳報社）という書籍も刊行されています。

　余談になりますが，国税通則法は平成23年12月に大改正があって，税務調査の手続が法定化されました（116～117頁）。そのため，税務調査を中心としてこの租税行政法（租税手続法）の分野は，これから実務で注目を浴びていく分野になると考えられます。

　こうした追徴課税（更正処分など）に納得がいかない場合，納税者は不服申立てを行うことができます。これは「行政法」で学ぶ「行政救済法」にあたる部分で，具体的には「行政不服審査法」という法律があります。

　ただし，国税に関しては「国税通則法」に，また地方税に関しては「地方税法」に，「特別の定め」があるため，現実にはこちらを知ることが重要になります（ただし，原則である「一般法」としての行政不服審査法についても，触れることになります）。

（一般法）　　　　　　（特別法）
行政不服審査法　　　　国税通則法

　国税に関する処分については「再調査の請求」「審査請求」という2つの不服申立手続があります（ただし，平成26年の改正で審査請求のみが原則になりました〔→22頁〕）。

　不服申立ての次には，訴訟があります。「税務訴訟」「租税訴訟」といわれるものですが（不服申立てとあわせて，金子先生は「第4編　租税争訟法」という分類をされていましたね），これは「行政事件訴訟法」が適用される領域になります。この点については，次の**5**でお話をしますが，これも行政法のひとつです。

　租税法は，もともと行政法のひとつです。そこで，このように，租税法には行政法がからんでくることがあります。以上が，金子先生の分類でい

う「租税手続法」「租税争訟法」にあたる部分です。

　このように「手続」（課税と徴収）と「争訟」（再調査の請求・審査請求・訴訟）の場面も，租税法は含んでおり，これらはいずれも行政法にあたる部分になります。前者が租税手続法で後者が租税争訟法ですが，特に後者は「救済法」（行政救済法）にあたります。

　ただ，行政法といわれると，ピンとこない。あまり得意ではない。そもそも勉強が進んでいない。そういう方も，多いかもしれません。でも，逆にいえば，租税法を学ぶと，行政法の理解がはかどるともいえます。行政法が適用される場面を，具体的にイメージできるようになるからです。

　ここでお話したことは，少しむずかしく思えたかもしれませんので，もう1度整理しておきましょう。下の図をみて，全体の構造についておおざっぱでよいのでイメージをもっていただければ，十分です。

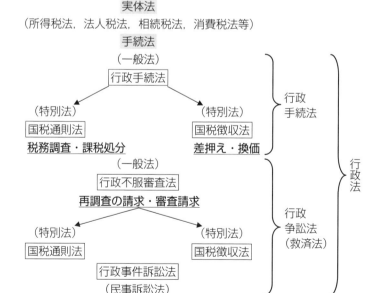

※なお，民事訴訟法は一般法です。行政事件訴訟法は特別法です。

5 民事訴訟法との関係

　国税に関する処分の取消しを求める紛争については、「不服申立前置主義」（審査請求前置主義）がとられています。平成26年改正前は、処分を行った原処分庁（税務署長や国税局長）に対して「**異議申立て**」を行い、棄却された場合に国税不服審判所長に対して「**審査請求**」を行い、それでも棄却された場合に、初めて訴訟を提起できるのが原則でした（二段階の不服申立て）。しかし、平成26年改正法施行後は、「異議申立て」が廃止され、審査請求のみを行えばよいことが原則になりました（**不服申立ての一元化**）。また、異議申立ては、「**再調査の請求**」に名称を変え、審査請求の前にこの手続を行うかどうかは、納税者の選択に委ねられることになりました。

　以上の考え方は、行政事件訴訟法が採用する「自由選択主義」（同法8条1項本文）の例外になります（同項ただし書）。

（処分の取消しの訴えと審査請求との関係）

第8条　処分の取消しの訴えは、当該処分につき法令の規定により審査請求をすることができる場合においても、直ちに提起することを妨げない。ただし、法律に当該処分についての審査請求に対する裁決を経た後でなければ処分の取消しの訴えを提起することができない旨の定めがあるときは、この限りでない。

（以下、略）

つまり、国民がいきなり訴訟をするか、まずは不服申立てから行うかは

自由に選択できるのが原則です（**自由選択主義**）。しかし，国税に関する争いは，事実認定や争点などが複雑なので，裁判所に行くまえに専門的な行政庁で審理させるという考え方です（国税通則法115条１項本文。ただし，その例外もあります〔同項ただし書〕）。

（不服申立ての前置等）

第115条　国税に関する法律に基づく処分（第80条第３項（行政不服審査法との関係）に規定する処分を除く。以下この節において同じ。）で不服申立てをすることができるものの取消しを求める訴えは，審査請求についての裁決を経た後でなければ，提起することができない。ただし，次の各号のいずれかに該当するときは，この限りでない。

一　国税不服審判所長又は国税庁長官に対して審査請求がされた日の翌日から起算して３月を経過しても裁決がないとき。

二　更正決定等の取消しを求める訴えを提起した者が，その訴訟の係属している間に当該更正決定等に係る国税の課税標準等又は税額等についてされた他の更正決定等の取消しを求めようとするとき。

三　審査請求についての裁決を経ることにより生ずる著しい損害を避けるため緊急の必要があるとき，その他その裁決を経ないことにつき正当な理由があるとき。

（以下，略）

　ここで提起するのは，更正処分などの取消しを求める訴訟，「抗告訴訟」のひとつである「取消訴訟」（行政事件訴訟法３条２項）です。

> **（抗告訴訟）**
> **第3条** この法律において「抗告訴訟」とは，行政庁の公権力の行使に関する不服の訴訟をいう。
> **2** この法律において「処分の取消しの訴え」とは，行政庁の処分その他公権力の行使に当たる行為（次項に規定する裁決，決定その他の行為を除く。以下単に「処分」という。）の取消しを求める訴訟をいう。
> （以下，省略）

　行政事件訴訟というのは，一般に「**行政訴訟**」と呼ばれるもので，国や地方公共団体に対して，国民が処分の取消しなどを求める訴訟です。

　訴訟を大きく2つに分けると，**民事訴訟**と**刑事訴訟**に分かれます。たとえば，東京地方裁判所（東京地裁）では，裁判所の構成は，民事部と刑事部に分かれていて，民事訴訟は**民事部**に，刑事訴訟は**刑事部**に配点されます。行政訴訟は，この2つの分類でいうと，前者，つまり，民事訴訟です。

　租税に関しては，すでにお話をしたとおり，脱税などの犯罪にあたるものであれば，刑事訴訟になっていきますが，これは検察官が脱税等の嫌疑がある者を起訴することでスタートする裁判です。

　これに対して，ここで問題になる行政訴訟は，民事訴訟のひとつです。民事訴訟は，検察官などの公的機関ではなく，一般の私人が訴えを提起することで始まります。

　課税処分の取消しを求める訴訟（**税務訴訟，租税訴訟**）も，民事訴訟のひとつですから，課税処分を受けた納税者が自ら裁判所に訴えを提起することで，初めてスタートします。

　このあたりについては，行政事件訴訟法にルールが定められていて，国税に関する処分の取消しを求める場合は，国を被告として訴えを提起する

ことになります（地方税の場合は，地方公共団体を被告にします）。

これは，行政事件訴訟法11条1項1号に規定されています。少し読みにくいかもしれませんが，雰囲気だけでもみておきましょう。

（被告適格等）

第11条 　<u>処分又は裁決をした行政庁</u>（処分又は裁決があつた後に当該行政庁の権限が他の行政庁に承継されたときは，当該他の行政庁。以下同じ。）<u>が国又は公共団体に所属する場合には，取消訴訟は，次の各号に掲げる訴えの区分に応じてそれぞれ当該各号に定める者を被告として提起しなければならない。</u>

　一　<u>処分の取消しの訴え</u>　当該処分をした行政庁の所属する<u>国又は公共団体</u>

（以下，省略）

下線の部分をみれば，処分の取消し（取消訴訟）の被告が，国税に関する処分の場合は「国」となり，地方税に関する処分の場合には「地方公共団体」（東京都，神奈川県など）になることがわかります。

このように，租税法では，納税者が，課税処分に納得がいかず，その取消しを求める訴訟を提起する場面になると，行政事件訴訟法が適用される「行政訴訟」のステージに上がることになります。

そして，行政訴訟は，お話をしたとおり，民事訴訟のひとつですから，行政事件訴訟法に特別の定めがない限りは，原則にもどり**「民事訴訟法」**の適用を受けることになります。

この点は，行政事件訴訟法7条に規定があります。

> **（この法律に定めがない事項）**
> **第7条** 行政事件訴訟に関し，この法律に定めがない事項については，民事訴訟の例による。

　ここでも，一般法と特別法の視点がでてきましたね。<u>民事訴訟法が「一般法」</u>であり，<u>行政事件訴訟法が「特別法」</u>になります。一般法と特別法の関係は，原則である一般法に対して，例外として「特別の定め」をしているのが特別法です。そのため，<u>一般法の規定と特別法の規定が抵触する場合は，特別法が優先して適用される</u>ことになります。また，特別法に規定がない場合には，原則である一般法が適用されることになります。

　この視点は，すでにいくつも登場しましたが，租税法は，さまざまな意味で特別法にあたる分野をみるべきことになるということです。

　これまで出てきたものを整理してみましょう。

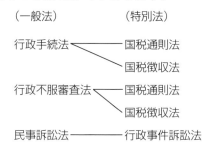

　「行政」の2文字が入っている2つの法律（行政手続法と行政不服審査法）が「一般法」になっているのに対して，同じく「行政」の2文字が入っている行政事件訴訟法は「特別法」になっています。

　これは，課税や徴収，不服申立てについては，一般的な行政手続とは異なる国税に関する手続のルールがある（前者）のに対し，訴訟については，基本的に他の行政訴訟と同じ手続で訴訟が行われるということを意味しています（後者）。

なお，似た名前のものとして，「国税犯則取締法」という法律もありました。これは，脱税犯など，租税犯罪に適用される刑事訴訟法の特別法でした。しかし，平成30年改正で，国税通則法に編入され，廃止されました。任意調査である行政手続と強制調査である刑事手続は性質が異なるため，１つの法律で規定すべきでないとの批判もありましたが，国税の手続の基本法という点で，１つの法律にまとめられたのです。

　さて，憲法，刑法，民法あたりまでは，まだなんとなくわかりそうだと思っていた方も，行政法や訴訟法になってから，やっぱりむずかしそうだと思えてきたかもしれません。
　それは，行政法，訴訟法が，法学部で学習する法律科目として，「**応用科目**」に位置づけられているからだと思います。租税法はさらにその応用科目であるという側面があるのはたしかです。
　また，これまでみてきたとおり，租税法は，他のさまざまな法律との関係があります。その意味でも，応用科目として，他の法律の知識が必要になることは否めません。
　もっとも，安心していただきたいのは，あくまで，法学部で学習する租税法の範囲は，そのメインは手続法ではなく，実体法であるということです。ひとことでいえば，これから詳しくお話をする「**課税要件**」です。
　租税法の学習は，どのような場合に課税されるか（納税義務が発生するか）を定めた「課税要件」を学ぶことです。
　課税要件を適用する場面として「手続法」や「訴訟法」も問題になりますが，それは「租税法」という科目の対象としては，細かい部分です。
　将来，実務家として租税法をあつかわれる場合には，こうした手続法もしっかり学ぶ必要がありますが，それは実務でやればわかることです。
　大事なことは，実体法（課税要件）を学ぶことです。
　これは，いわば，民法を学ぶのと同じです。

貸したお金を返してくださいという場合，消費貸借契約が成立するかどうかを検討する必要があり，これは民法587条に定められています。

　民法587条をみると，次のように規定されていて，①返還約束（返すことの合意），②金銭授受（お金の受渡し）が，その要件だと考えられています。

（消費貸借）

第587条　消費貸借は，当事者の一方が種類，品質及び数量の同じ物をもって返還をすることを約して相手方から金銭その他の物を受け取ることによって，その効力を生ずる。

　これは民法で学ぶことですが，租税法でも同じような思考を使います。たとえば，所得税法には，次のような規定があります。

（給与所得）

第28条　給与所得とは，俸給，給料，賃金，歳費及び賞与並びにこれらの性質を有する給与（以下この条において「給与等」という。）に係る所得をいう。

（以下，省略）

　この所得税法28条１項に定められた要件を満たす場合，「**給与所得**」としての納税義務が発生する（課税される）と考えます。

　実体法は，ある「**効果**」が発生するための「**要件**」を学ぶことですよね。いまお話をした民法はわかりやすい例だったと思いますが，刑法の場合も同じです。

　「人を殺した者」という要件を満たせば，殺人罪の成立という効果が発生します（刑法199条）。ただし，刑法では，この要件を「**構成要件**」とい

い（違法性や責任なども含めて「犯罪の成立要件」といいます），効果については「犯罪」といいます。

いずれにしても，使う思考は同じです。どのような要件を満たすと，その効果が発生するのか，ということ。

そう考えると，租税法の学習のメインである「課税要件」についても，民法や刑法と同じような思考で学ぶことができます。

この結論にたどりついたところで，第1章は終わりにしたいと思います。租税法を学ぶための「思考法（考え方）」にスポットをあてた本書では，最後まで，むずかしい話はしません。安心しておつきあいください。

第2章

租税法はどのように
勉強したらよいのか？

1 課税要件の基本から学ぼう

　さて，第2章に入ります。ここでは，租税法をどのように勉強したらよいのか，という「**勉強法**」（学習方法）のお話です。

　本来であれば，「第3章　租税法はどのような法律なのか？」にそろそろ入るべきなのだと思います。また，ふつうの本であれば，まず最初に「租税法はどのような法律なのか？」がくるのだと思います。

　本書では，あえてここを，あとまわしにしています。なぜかというと，租税法はすでにお話をしたとおり，さまざまな法律の応用科目となっています。それだけでなく，法律の数も多く，さらに，施行令，施行規則，そして，本法だけでなく措置法などもあり，さらに通達もあり……と，その法体系が重層化しているため，いきなりこれを概観すると，「やっぱり，租税法はむずかしいね」との「誤ったイメージ」が定着してしまう危険があるからです。

　むしろ，本書のように，第1章で「他の法律との関係」をみることで，イメージできる法律科目から，租税法の外延（外側）をながめていく。そのことで，おぼろげながらも**租税法の輪郭**がみえてくる。そのイメージをもってもらう。そのなかで，実際に勉強する租税法をみてみる。そのほうが，「面白そう」と思ってもらいながら，そして「そんなにむずかしくないのかも」と感じてもらいながら，「租税法はどのような法律なのか？」にすんなりと入れると思うのです。

　このような理由から，変則的な説明方法になっています。最後まで「むずかしい話はしない」という解説手法を使い続けていきますよ。

　さて，租税法は，どのように勉強したらよいのでしょうか。すでに，租

税法のメインが何であるかはわかってきましたよね。そうです。所得税法などの「実体法（租税実体法）」です。そこで学ぶのは，どのような場合に，どのような課税がなされるのか，という「**課税要件**」です。

　民法の要件と同じように，租税法も要件を勉強することが重要です。

　この点について，租税法の教科書では「**課税要件論**」であるとか「**課税要件事実**」といった言葉がでてくることもあります。

　じつは，これらの概念も，どのような場合に納税義務という効果が発生するかを定めた「課税要件」の議論なのです。ただし，「課税要件事実」「課税要件論」といった言葉が使われるテキストでは，課税要件について，大学の法学部や法科大学院で学ぶものよりも，よりつっこんだ高度な議論がされていることがあります。

　たとえば，伊藤滋夫編『租税法の要件事実』（日本評論社，2011年），伊藤滋夫・岩﨑政明編『租税訴訟における要件事実論の展開』（青林書院，2016年），伊藤滋夫・岩﨑政明・河村浩『要件事実で構成する所得税法』（中央経済社，2019年），今村隆『課税訴訟における要件事実論〔改訂版〕』（日本租税研究協会，2013年），酒井克彦『クローズアップ課税要件事実論〔第5版〕』（財経詳報社，2021年）といった書籍があります。

　これらはいずれも，租税に携わる実務家がさらにつっこんだ理論的研究をしたいときに読むもので，民事訴訟法の「**要件事実論**」の理解を前提にした議論です。民事訴訟法を勉強するとでてくる「**要件事実**」の考え方がでてくるからです。

　要件事実は，わたしが司法試験を受験していたころは，司法試験に合格してから，司法研修所でじっくり勉強するものでした。しかし，法科大学院ができて，司法修習の期間が短くなってから，現在では，法科大学院でも学ぶ科目になってきました。

　要件事実は，裁判所が実際の裁判で，どのような事実が認められれば，法的効果を認められるかという専門技術的な議論で，法律家のなかでも，

むずかしいといわれる分野です。実際の裁判ですら，「要件事実」をこまかに分析せずに，結論がだされているという現実もあります。

　したがって，これからみなさんが学ぶ「租税法」のメインである「課税要件」を，このような意味での「課税要件事実」と同じだととらえてしまうと，租税法はとてもむずかしい科目だと「誤ったイメージ」につながる危険があります。

　そうではないのです。あくまで，所得税法や法人税法に規定されている条文から導かれる「要件」がなんであるかを学ぶのが，大学法学部，そして法科大学院での「租税法」なのです。なお，「税法」と呼ばれることもありますが，意味は同じです（→38頁）。

　金子先生の『租税法〔第24版〕』の分類でみたように，主として課税要件について解説をした「第2編　租税実体法」が，本のなかでの大きな割合を占めていましたよね（同書153頁〜926頁）。

　この課税要件を1つひとつ条文を引きながら，学ぶことができれば，租税法は得意科目になれます。そして，民法や他の法律科目と同じように，その要件については，条文がベースなので，まずは条文を引けるようになることが大切です。そして，条文を読んでもはっきりしないことについては，判例があります。そこで，判例を理解して，その規範（要件）を覚えることも重要になります。

　このように考えると，「租税法」という科目は，民法などの他の法律科目とまったく同じです。条文と判例を勉強すればよい，ごくふつうの法律なのです。

　たとえば，会社員が勤務先から支払いを受けた毎月の給料は，所得税法28条1項にあたるので「給与所得」にあたります。これは条文を引けるようになれば，あてはめられます（条文は28頁を参照）。また，長年の勤務を終えて，会社を退職する際に会社からもらった退職金は，「退職所得」にあたります。これは所得税法30条1項に規定があります。これも条文を

引けるようになれば，問題なくあてはめられるようになります。

> **（退職所得）**
> **第30条**　退職所得とは，退職手当，一時恩給その他の退職により一時に受
> 　　ける給与及びこれらの性質を有する給与（以下この条において「退職手
> 　　当等」という。）に係る所得をいう。
> （以下，省略）

　同じように，個人事業をしている人が，その事業によって得た利益（もう
け）は，「事業所得」にあたります。これは所得税法27条１項に規定さ
れています。これも条文を引けるようになれば，問題なく答えられるよう
になります。

> **（事業所得）**
> **第27条**　事業所得とは，農業，漁業，製造業，卸売業，小売業，サービス
> 　　業その他の事業で政令で定めるものから生ずる所得（山林所得又は譲渡
> 　　所得に該当するものを除く。）をいう。
> （以下，省略）

　これに対して，論点として登場するのは，たとえば，大学の非常勤講師
の先生が，大学からもらった報酬は，どの所得にあたるか，というもので
す。会社員や専任教員とちがって，週１コマしか教えていない（週に１時
間30分だけ，その大学の教室に行くだけだ）という場合，それでも「給与
所得」にあたるのか，という問題があります。
　この場合は「**論点**」になります。そして，どのような場合に「**給与所
得**」にあたるのか，という問題がでてきます。この場合は，判例があっ
て，給与所得にあたるためには，このような要件を満たすことが必要です

よ，という**先例**があります。

　こうした先例（判例）を勉強します。そして，事案への「あてはめ」をすることになります。

　判例をみておきましょう。**56年判決**と呼ばれる，重要な判例です。

　「およそ業務の遂行ないし労務の提供から生ずる所得が所得税法上の事業所得（同法27条1項，同法施行令63条12号）と給与所得（同法28条1項）のいずれに該当するかを判断するにあたつては，租税負担の公平を図るため，所得を事業所得，給与所得等に分類し，その種類に応じた課税を定めている所得税法の趣旨，目的に照らし，当該業務ないし労務及び所得の態様等を考察しなければならない。したがつて，弁護士の顧問料についても，これを一般的抽象的に事業所得又は給与所得のいずれかに分類すべきものではなく，その顧問業務の具体的態様に応じて，その法的性格を判断しなければならないが，その場合，判断の一応の基準として，両者を次のように区別するのが相当である。すなわち，事業所得とは，自己の計算と危険において独立して営まれ，営利性，有償性を有し，かつ反覆継続して遂行する意思と社会的地位とが客観的に認められる業務から生ずる所得をいい，これに対し，<u>給与所得とは雇傭契約又はこれに類する原因に基づき使用者の指揮命令に服して提供した労務の対価として使用者から受ける給付をいう</u>。なお，給与所得については，とりわけ，給与支給者との関係において何らかの空間的，時間的な拘束を受け，継続的ないし断続的に労務又は役務の提供があり，その対価として支給されるものであるかどうかが重視されなければならない。」

（最高裁昭和56年4月24日第二小法廷判決・民集35巻3号672頁）

　弁護士が顧問先からもらう顧問料が，「**事業所得**」にあたるか，「**給与所得**」にあたるかが問題になった事案です。結論は，事業所得でした。ここで大事なのは，下線部分です。「給与所得とは」のあとに，給与所得の要

件が示されています。

　このような要件をまずはおさえて，次に事案にあてはめをする。これを「法的三段論法」といいます。民法でも刑法でも，どの科目でも，法律科目の論文試験では，この順序で答案を書きます。

　租税法も，まったく同じです。あつかう対象が税金だというだけです。決して特殊な法律であるとか，難しい法律であるとかいったことはないのです。実務としてみると，たしかに長い条文がでてきたり，複雑な課税があったりします。でも，大学や法科大学院で学ぶ「租税法」は，きわめてシンプルなものばかりです。

　このへんで，このお話は終えましょう。

　まとめましょう。租税法も，民法と同じ。「（法律）効果」が発生するための「（法律）要件」を学ぶのです。そして，それを租税法では「課税要件」と呼ぶのです。

　1つひとつが条文に書いてありますので，民法と同じように「条文」を引ければ大丈夫です。条文からだけでは要件がわからないときは，判例を参照すればよいのです。そして，最後は「あてはめ」です。

　こう考えると，租税法も，むずかしくなさそうですよね？

　えっ？　まだわからないって。いまは「要件を条文と判例で勉強するだけなら，自分でもできそうだ」という，そのイメージだけでも，もってもらえれば大丈夫です。

2 租税法の基本は所得税法

　ここまで「租税法」といってきましたが，「租税法」という名前の法律があるわけではありません。これは「行政法」や「労働法」と同じです。

　授業やテキストでは，こうした法律科目が名称として使われていますが，行政法，労働法という名前の法律があるわけではないのと同じで，租税法もそのような名前の法律は存在していません。

　租税法は「税法」と呼ばれることもありますが，前述したように「租税法」と意味は同じです。

　テキストでスタンダードなものをみると，『租税法〔第24版〕』（金子宏，2021年，弘文堂），『ケースブック租税法〔第5版〕』（金子宏・佐藤英明・増井良啓・渋谷雅弘編著，弘文堂，2017年），『租税法判例六法〔第5版〕』（中里実・増井良啓・渕圭吾編，2021年，有斐閣），『租税法〔第3版〕』（岡村忠生・酒井貴子・田中晶国，有斐閣，2021年），『基礎から学べる租税法〔第3版〕』（谷口勢津夫・一高龍司・野一色直人・木山泰嗣，弘文堂，2022年）のように「租税法」という名称を使うものがあります。一方で，『よくわかる税法入門〔第16版〕』（三木義一編著，有斐閣，2022年），『税法基本講義〔第7版〕』（谷口勢津夫，弘文堂，2021年），『教養としての「税法」入門』（木山泰嗣，日本実業出版社，2017年）のように「税法」という名称を使うものもあります。

　いずれにしても，租税法（税法）については，そのような名前の法律があるわけではなく，国税，地方税をふくめ，じつにさまざまな種類の税金があります。そして，原則として，税金の数だけ，その税金を定めた法律があるのです。

たとえば，代表的な国税として挙げられる，所得税，法人税，相続税，消費税については，「所得税法」「法人税法」「相続税法」「消費税法」という法律があります。

$$
\left\{
\begin{array}{l}
\text{所得税} \longrightarrow \text{「所得税法」に規定されている} \\
\text{法人税} \longrightarrow \text{「法人税法」に規定されている} \\
\text{相続税} \longrightarrow \text{「相続税法」に規定されている}
\end{array}
\right.
$$

これに対して，贈与税については，相続税の補完的な税金であるため「贈与税法」という法律はなく，「**相続税法**」のなかに規定されています。

$$
\text{贈与税} \longrightarrow \text{「相続税法」に規定されている}
$$
$$
\text{（贈与税法という法律はない）}
$$

いずれにしても，<u>国税については，原則として，税金ごとに「法律」があると</u>考えていただければよいです。これを「**一税目一法律主義**」といいます。

これに対して，地方税の場合は異なります。地方税については「**条例**」に基づいて課税をすることになります。

これは，憲法で少しやることです。次の条文（憲法94条）ですね。

> **第94条**　地方公共団体は，その財産を管理し，事務を処理し，及び行政を執行する権能を有し，法律の範囲内で<u>条例</u>を制定することができる。

憲法94条をみると，あくまで「**法律の範囲内**」という枠（わく）があります。その範囲内で，それぞれの地方公共団体は，「条例」で税金を定めることに

なるのです。

このことは，地方税法で確認されています。次の条文です（同法2条，3条）。

（地方団体の課税権）

第2条　地方団体は，この法律の定めるところによつて，地方税を賦課徴
　　収することができる。

（地方税の賦課徴収に関する規定の形式）

第3条　地方団体は，その地方税の税目，課税客体，課税標準，税率その
　　他賦課徴収について定をするには，当該地方団体の 条例 によらなければ
　　ならない。

（以下，省略）

憲法94条にいう「法律」は，この「**地方税法**」です。地方税法は，とて
もボリュームのある法律です（全部で803条もあります！）。

地方税は，41頁の条文（4条）をみるとわかりますが，地方税法に原則
的な規定がすべて規定されています。それをうけて，あとは個別に，それ
ぞれの地方公共団体（地方税法では「**地方団体**」といいます）が，条例で
つくることになります。

少し長めですが，この4条（41頁）と5条（43頁）をみておけば，地方
税の中身はイメージできます。

まずは，「**道府県税**」（たとえば，東京都，神奈川県，埼玉県，大阪府な
どが課す税金）です（地方税法4条）。

地方税法4条2項に掲げられている1号から9号の税金と同法4条4項
の税金が「**法定税**」と呼ばれる地方税です。これは，それぞれの地方団体

（道府県）が，必ず条例で課さなければならない，いわば必須の地方税です。条文の規定の文末が「課するものとする」となっているからです。

（道府県が課することができる税目）

第4条 道府県税は，普通税及び目的税とする。

2　道府県は，普通税として，次に掲げるものを<u>課するものとする</u>。ただし，徴収に要すべき経費が徴収すべき税額に比して多額であると認められるものその他特別の事情があるものについては，この限りでない。

一　道府県民税

二　事業税

三　地方消費税

四　不動産取得税

五　道府県たばこ税

六　ゴルフ場利用税

七　軽油引取税

八　自動車税

九　鉱区税

3　道府県は，前項各号に掲げるものを除くほか，<u>別に税目を起こして</u>，普通税を<u>課することができる</u>。

4　道府県は，目的税として，狩猟税を<u>課するものとする</u>。

5　道府県は，前項に規定するものを除くほか，目的税として，水利地益税を<u>課することができる</u>。

6　道府県は，前2項に規定するものを除くほか，<u>別に税目を起こして</u>，目的税を<u>課することができる</u>。

これに対して，「課することができる」という文末になっている地方税法4条3項，5項，6項は必須ではありません。このうちとくに「別に税目を起こして」と，地方団体（道府県）に，新しい税金（地方税）を定める権限を与えているものを「**法定外税**」といいます。法律（地方税）には規定されていないけれど，地方団体でつくることができる税金という意味です。

> ┌ 法定税　　　必須の地方税
> └ 法定外税　　地方団体が「別に税目を起こして」創設する地方税

そのため，法定外税のことを「**独自課税**」ということがあります。

ただし，この「法定外税」。あくまで「法律」（地方税法）の「範囲内」であることが必要なので，その法定外税条例が適法かどうかについて裁判で争いになることもあります。この意味で，地方税法は，地方団体が地方税をつくるための「枠法（わくほう）」である，といわれることもあります。

以上の2つの分類のなかには，さらに「**普通税**」と「**目的税**」という分類もあります。目的税は税金の使途が決まっている特殊な税金です。普通税はそうではない税金でこちらが一般です。

> ┌ 普通税　　　税金の使途が決まっていないもの
> └ 目的税　　　税金の使途が決まっているもの

次頁の条文（地方税法5条）は，主体が「道府県」から「市町村」（たとえば，横浜市，神戸市など）に変わっていますが，読んでみると，同じような構造になっていることがわかります。これは「**市町村税**」と呼ばれるものです。

（市町村が課することができる税目）

第5条 市町村税は，普通税及び目的税とする。

2 市町村は，普通税として，次に掲げるものを課するものとする。ただし，徴収に要すべき経費が徴収すべき税額に比して多額であると認められるものその他特別の事情があるものについては，この限りでない。

一 市町村民税

二 固定資産税

三 軽自動車税

四 市町村たばこ税

五 鉱産税

六 特別土地保有税

3 市町村は，前項に掲げるものを除く外，別に税目を起して，普通税を課することができる。

4 鉱泉浴場所在の市町村は，目的税として，入湯税を課するものとする。

5 指定都市等（第701条の31第1項第1号の指定都市等をいう。）は，目的税として，事業所税を課するものとする。

6 市町村は，前2項に規定するものを除くほか，目的税として，次に掲げるものを課することができる。

一 都市計画税

二 水利地益税

三 共同施設税

四 宅地開発税

五 国民健康保険税

7 市町村は，第4項及び第5項に規定するもの並びに前項各号に掲げるものを除くほか，別に税目を起こして，目的税を課することができる。

法定税（地方税法5条2項，4項，5項）と法定外税（同法5条3項，7項）があること，さらにそのなかに普通税と目的税があることは，道府県税と同じですね。

　ちなみに，法定税のうち普通税を「**法定普通税**」（地方税法5条2項），目的税を「**法定目的税**」（同法5条4項，5項）といいます。また，法定外税のうち普通税を「**法定外普通税**」（同法5条3項），目的税を「**法定外目的税**」（同法5条7項）といいます。これは，道府県税（同法4条）でも同じです（41頁の条文をみて下さい）。

　少し，地方税法が長くなりましたね。でも，法学部や法科大学院で学習する租税法では，地方税法を学ぶウエイトは少ないのです。金子先生の『租税法〔第24版〕』での記述が占める割合が少ないこと（約1,250頁のうち約65頁のみでした）を，すでに指摘をしたとおりです（12頁）。

　もっといえば，時間数の関係上，租税法では「地方税法」をまったく扱わないことも多いかもしれません。

　では，何を学ぶのかというと，圧倒的に「**所得税法**」です。国税で基本的なものは，これまでくりかえしお伝えしてきたとおり，所得税法，法人税法，相続税法，消費税法の4つです。

　しかし，税法を初めて学ぶ人にとって，まずおさえておくべき基本は何かといえば，だんとつに「所得税法」なのです。

<pre>
            ＜国税＞   ＜地方税＞
        （実体法）   （手続法）   （実体法）   （手続法）
コレ！⇨ 所得税法   国税通則法   地方税法
        法人税法   国税徴収法
        相続税法   など
        消費税法
        など
</pre>

その理由はこれから少しずつお話をしていきますが，現実の状況をみれば，結論は明らかです。

まず，司法試験の**選択科目**としての租税法です。その範囲は「所得税法，法人税法，国税通則法」となっていますが，選択科目になった平成18年度以降の司法試験（論文試験。択一試験はありません）で，国税通則法が正面から出題されたことはありませんし，出題の割合をみても，7～8割が所得税法なのです（法人税法が出題されず，所得税法のみが出題された年度もあります）。

また，法科大学院で租税法を選択した人が学ぶテキストとして人気がある本をみると，『スタンダード所得税法〔第3版〕』（佐藤英明，弘文堂，2022年）のように，そもそも「所得税法」のみにしぼったテキストすらあります（なお，現在のところ，『スタンダード法人税法』という本はありませんし，所得税法以外にこのシリーズは刊行されていません）。

ちなみに，わたしが租税法の基本を学生さんなどが学べるように書いた新書も，『分かりやすい「所得税法」の授業』（光文社新書，2014年）というタイトルで，所得税法のみをテーマにした1冊になっています。また，一般の方向けに，所得税法の詳細をまとめた本も，『教養としての「所得税法」入門』（日本実業出版社，2018年）というタイトルです。

といっても，司法試験の勉強としては，所得税法だけでは足りませんから，法人税法も基本的なことは学ぶことが必要です。

ここで便利なのが，法人税法は所得税法の応用で勉強できる点です。なぜかというと，所得税法も法人税法も，同じ「所得」を課税の対象にしているからです。個人の所得に対する税金が「所得税」であり，法人の所得に対する税金が「法人税」です。それぞれの税金のルールを定めたのが「所得税法」であり，「法人税法」です。

ここで「所得」という概念を学ぶことになるのですが，これは所得税法で学んだことが，法人税法でも応用できる場面が多いのです。したがっ

て，まずは「所得税法」を学ぶことが重要です。

　そして，たくさん税金（税法）があるといっても，限りある時間のなかで学ぶことになる「租税法」という科目では，現実には，基本である所得税法の学習が，その大半をしめることになります。

　所得税法をきちんと学べば，「租税法」はマスターしたも同然です！

　どうですか。こう考えると，これまで，次から次へとみせつけられた，ボリュームのある科目も，スタイリッシュになった気がしませんか？

3 所得税法はどのように学べばよいか？

　では，所得税法は，どのように学べばよいのでしょうか。

　いまの話からもおわかりだと思いますが，租税法の学習の大半が「所得税法」なのです。ということは，所得税法の勉強法をつかんでしまえば，租税法は得意科目になったも同然，といえるでしょう。

　逆にいえば，租税法を好きになり，得意科目にするためには，所得税法の学び方をマスターすることがきわめて重要，ということにもなります。

　でも，思考のプロセスを学んでしまえば，決してむずかしくありません。これからわかりやすくお話していきます。

　さて，所得税の勉強法ですが，何をどのように勉強すべきかについては，公式のようなものがあります。**＜所得税法の思考プロセス＞**といってもいいものです。具体的には，**＜だれの，どんな所得が，いつ課税され，計算はどうなるのか？＞**　というものです。

　この思考プロセスについては，次にくわしくお話をしたいと思います。ここでは，思考プロセスの前提としての，勉強法（勉強の仕方）について，まず，ざっくりとお話をします。

　所得税法で学ぶべきことは，すでに租税法の学習の中心になるとお伝えしたとおり「課税要件」です。

　課税要件は，条文に書かれています。なぜかというと，租税法律主義（憲法84条）の要請から，課税要件は法律に規定されなければならないとされているからです。これを①「課税要件法定主義」といいます。

　また，課税要件が法律で規定されたとしても，課税をされる納税者にとって読み取れないもの（不明瞭な内容）であれば，法律で明示する意味

がなくなります。そこで，課税要件は法律で定めるだけでなく（法定主義），明確に定めなければならないとされています（明確主義）。これを②「課税要件明確主義」といいます。

この点については，本書でも，憲法との関係をお話したときに，あとでお話をしますとお伝えしていた，「租税法律主義の内容」にあたります（6頁）。

もう1度みておきましょう。

```
①  課税要件法定主義
②  課税要件明確主義
③  合法性の原則
④  手続的保障原則
```

租税法律主義には，さらに③「合法性の原則」と④「手続的保障原則」もあります。前者は，課税は法律どおりにしなければならない（法律に適合するかたちで課税されなければならない）というもので，「公平な課税」を意味しています。後者は，課税のプロセス（賦課徴収さらには救済のプロセス）についても公正な手続によらなければならないというものです。③と④は，いずれも租税行政や手続に関する原則です。

租税法の学習では，「手続法」はあまりみない，といいました。大事な「実体法」そして「課税要件」となると，まさに，この①「課税要件法定主義」と，②「課税要件明確主義」の領域になってきます。憲法の学習はここで活きてきます。

刑法では，「罪刑法定主義」という原則を学びます。これとパラレルに考えると「租税法律主義」は理解が深まります。犯罪と刑罰は法律で定めなければならない，というのが「罪刑法定主義」です。もっとも，法律で定めても（法定主義），内容が不明瞭では意味がありませんから，明確で

なければならないという「明確主義」もでてきます。

いまお話をした「課税要件法定主義」と「課税要件明確主義」の話と同じ流れですよね。刑法は刑罰が発動される場面であり，人権に対する侵害の最たる場面です（死刑すらありますので）。

租税法はお金の問題ではありますが，国民に保障された財産権に対する侵害の場面でした。それで，同じように「民主主義」のルール（法定主義）を働かせ，あらかじめ制約の内容が予測できるようにするべく明確性も求められるのです（明確主義）。

話が，憲法と刑法に飛びました。もとに戻しますと（といっても，いまの飛んだ話も大事ですので，頭の片隅に置いておいてください），所得税法の勉強は「課税要件」を学ぶこと，でした。

では，どのように学べばよいのか。それは，いまの租税法律主義の話からつながってきます。課税要件は「法律」で定めるのでしたよね（法定主義）。ですから，課税要件は「法律」（所得税法）をみればそこに書いてあるはず，ということになります。

ここで次に問題になるのは，＜課税要件とは何か？＞という議論です。課税要件が何かについて明らかにするまえに，「課税要件」について言及をした，最高裁の大法廷判決をみたいと思います。

まずは，次の判決文を読んでみましょう。

「ところで，租税は，国家が，その課税権に基づき，特別の給付に対する反対給付としてでなく，その経費に充てるための資金を調達する目的をもつて，一定の要件に該当するすべての者に課する金銭給付であるが，およそ民主主義国家にあつては，国家の維持及び活動に必要な経費は，主権者たる国民が共同の費用として代表者を通じて定めるところにより自ら負担すべきものであり，我が国の憲法も，かかる見地の下に，国民がその総意を反映する租税立法に基づいて納税の義務を負うことを定め（30条），新たに租税を課

し又は現行の租税を変更するには，法律又は法律の定める条件によることを必要としている（84条）。それゆえ，課税要件及び租税の賦課徴収の手続は，法律で明確に定めることが必要であるが，憲法自体は，その内容について特に定めることをせず，これを法律の定めるところにゆだねているのである。」

(最高裁昭和60年3月27日大法廷判決・民集39巻2号247頁)

　この判決は**大嶋訴訟**といいます。憲法でも「サラリーマン税金訴訟」という事件名で勉強します。大法廷の判決で，租税法を学ぶにあたって，とても重要な原則を明らかにした判例だといわれています。

　読んでみると，「（84条）」という租税法律主義の条文が引用されて，下線部分ですが，課税要件法定主義，課税要件明確主義の話が書かれています。なお，細かい話ですが，ここに「課税要件及び租税法の賦課徴収の手続は」とあるように，①課税要件法定主義，②課税要件明確主義の内容は，「課税要件」だけでなく「手続」についても，法定（①）と明確性（②）を求めています。

　さて，この判決文だけでは「課税要件」が具体的に何を指しているのかが，まだわかりません。

　じつは，この昭和60年の最高裁判決（大嶋訴訟）よりもまえに，昭和30年の最高裁判決（大法廷判決）があります。これを読むと，課税要件の具体的な内容が明らかになります。

　「おもうに民主政治の下では国民は国会におけるその代表者を通して，自ら国費を負担することが根本原則であつて，国民はその総意を反映する租税立法に基いて自主的に納税の義務を負うものとされ（憲法30条参照）その反面においてあらたに租税を課し又は現行の租税を変更するには法律又は法律の定める条件によることが必要とされているのである（憲法84条）。されば日本国憲法の下では，租税を創設し，改廃するのはもとより，納税義務者，

課税標準，徴税の手続はすべて前示のとおり法律に基いて定められなければならないと同時に法律に基いて定めるところに委せられていると解すべきである。」　　　　　　　　（最高裁昭和30年 3 月23日大法廷判決・民集 9 巻 3 号336頁）

　租税法律主義（課税要件法定主義）について書かれていますが，下線をみると「納税義務者，課税標準」という言葉が出てきます。これが「課税要件」の具体的内容です。でも，まだこれだけでは足りません。
　次の判決もみてみましょう。これも古いのですが，昭和37年の最高裁判決（大法廷判決）です。

　　「思うに，国民の負担する具体的な担税義務は法律によつて定まる，このことは憲法30条，84条の明示するところである。そして，これらの規定は担税者の範囲，担税の対象，担税率等を定めるにつき法律によることを必要としただけでなく，税徴収の方法をも法律によることを要するものとした趣旨と解すべきである。」
　　　　　　　（最高裁昭和37年 2 月21日大法廷判決・刑集16巻 2 号107頁）

　やはり租税法律主義（課税要件法定主義）の話ですが，下線をみると，法律で定めるべき対象として「担税者の範囲，担税の対象，担税率等」という言葉があります。
　いまの租税法における用語の使い方とは少し違うのですが，ここにいう「担税者の範囲」は「納税義務者」といいかえることができます。また「担税の対象」というのは，課税の対象という意味ととらえることができるので，「課税客体」（課税の対象）であることがわかります。「担税率」というのは「税率」です。
　さきほどの昭和30年判決では「納税義務者」と「課税標準」が挙げられていました。「納税義務者」は，このように理解すると共通しています。

「課税標準」については，「課税客体」（課税の対象）にふくまれるといって問題ありません。なぜかというと，租税法では，課税の客体（対象）のことを「課税物件」というのですが，この「課税物件」を（税金計算ができるように）数値化したものを「課税標準」というからです。

　これで，整理ができました。「課税要件」というのは，「納税義務者」「課税物件」「課税標準」「税率」などのことです。

　ここにさらに「課税物件の帰属」を入れるのが，一般的な整理です（『ケースブック租税法〔第5版〕』6頁参照）。「課税物件」と「納税義務者」を結びつけるものを「課税物件の帰属」といいます。少しむずかしいと思われたかもしれませんが，これは名義人（たとえば登記簿上の土地の所有者）と，真の所有者（所有権者）が異なる場合に，どちらを納税義務者として課税すべきかという問題です。この点については，あとでまた詳しくお話をします。

　いずれにしても，租税法で学習の対象になる「課税要件」は，「納税義務者」「課税物件」「課税標準」「税率」，そして，「課税物件の帰属」です。

　これらがいずれも，租税法には書かれていることになります。なぜかといえば，それが憲法84条（租税法律主義）の要請だからです（課税要件法定主義）。

　このことについては，平成7年の東京高裁判決でも確認されています。

　「いわゆる租税法律主義を規定したとされる憲法84条のもとにおいては，租税の種類や課税の根拠のような基本的事項のみでなく，納税義務者，課税物件，課税標準，税率などの課税要件はもとより，賦課，納付，徴税の手続もまた，法律により規定すべきものとされており（最高裁大法廷昭和30年3月23日判決民集9巻3号336頁，最高裁大法廷昭和37年2月21日判決刑集16巻2号107頁），租税の優遇措置を定める場合や，課税要件として手続的な事項を定める場合も，これを法律により定めることを要するものである。」

（東京高裁平成7年11月28日判決・行集46巻10＝11号1046頁）

　下線の部分ですね。そして，下線の2行あとにあるかっこ書きをみると「（最高裁大法廷昭和30年3月23日判決民集9巻3号336頁，最高裁大法廷昭和37年2月21日判決刑集16巻2号107頁）」とあり，いま紹介をした2つの最高裁判決が挙げられています。

　これではっきりしました。所得税法で勉強する対象は，この5つです。(1)納税義務者はだれか，(2)課税物件は何か，(3)課税標準は何か，(4)税率はいくらか，(5)課税物件の帰属はどう考えるべきか，この5つです。

　通常の順番に整理し直すと，①納税義務者，②課税物件，③課税物件の帰属，④課税標準，⑤税率になります。

　これらは条文をみれば，書いてあります。そうなると，憲法や民法のように「論点」はないのですか？　と思われるかもしれません。

　所得税法にも論点があります。しかしその論点は，これらの課税要件を検討する際にでてくるものです。

　ここからが大事なのですが，たとえば，「④税率はいくらか」というのは，条文に明確に書かれています。だから論点にはなりません。条文をみればわかるからです。

　でも，この所得にあたると税金が高くなるけれど，この所得にあたると税金が低くなるという場合があります。たとえば，会社からもらったお金が給与所得にあたるのと，退職所得にあたるのとでは，給与所得のほうがはるかに税金が高くなります。退職所得は老後の生活保障の意味があるため，大幅に課税される部分が低くされているからです。

　また，ある人が業務を請け負って支払いを受けた報酬が，事業所得にあたれば，必要経費を控除できますが（実際に支払った実額での控除），給与所得にあたるとなると，原則として必要経費の控除（**実額控除**）はできません（**概算控除**）。なぜかというと，給与所得の場合には一般的には経

費は想定されておらず，「給与所得控除額」という，法律で決められた額のみを収入から控除して税金を計算することになっているからです（例外的に「特定支出控除」という制度があります（163頁参照））。

　このような場合に，どちらの所得にあたるか（給与所得か退職所得か，事業所得か給与所得か）というのが「論点」です。条文をみても，それぞれの所得の意義はそれなりに書いてありますが，他の所得とどのように区別すべきかの「基準」（判断枠組み）までは書かれていません。

　こういうものが「論点」となります。そして，その基準は，判例を調べることで解決済みのものであれば，わかります。逆に明確な判例がなければ，答案では，自分で考えた基準を書くことになるのが，通常の法律科目です。しかし，租税法ではそこまでのことはあまりなく，判例を勉強しておけば，試験でも（覚えておいた）基準を書けば点がつくものが，ほとんどです。

　そうすると，あとは事例に対する「あてはめ」が論文試験などでは腕のみせどころになります。でも「あてはめ」は，他の法律科目でもやることですから，所得税法だけに固有のものではありません。

　まとめましょう。

　所得税法はどのように学ぶべきか。まずは課税要件（5つ）を条文をみて1つひとつ押さえる。そして具体的な事例を検討する。その際に「論点」になるものについては，判例を調べて「基準」を理解する。試験の答案では，条文や判例の基準をベースに「あてはめ」をしていく。

　ですから，結局，他の法律科目と同じで，租税法も，「条文」と「判例」が重要，ということになります。

　どうですか？　租税法というのは，それほど特殊ではないのです。と，思ってもらえれば，まずは成功です。

　といっても，所得税法に固有の思考プロセスもあります。これは，次にお話をしたいと思います。

4 所得税法の思考プロセスを たどってみよう

● 所得税法の思考プロセス

ア　アプローチの方法

　さて，ここでさらにつっこんで，＜所得税法の思考プロセス＞をお話したいと思います。

　思考プロセスというのは，その法律科目の事例問題（論文式）を解くときに，どのような観点から分析をしていけばよいかを示すアプローチ方法です。

イ　憲法の思考プロセス

　たとえば，憲法の場合には，①だれの，②どんな人権が，③だれによって，④どのように制約されているのか，⑤それは許されるのか，といった思考プロセスで考えるのが一般的です。

　もう少し具体的にいうと，こうなります。

　まず，①だれの，という部分では，外国人であれば「外国人の人権享有主体性（外国人にも人権は保障されるか）」という論点の検討が必要になります。

　②どんな人権が，という部分では，プライバシー権の場合，「そもそもプライバシー権が憲法上保障されているか」という論点が問題になります。

　③だれによって，というのは，人権を制約している相手が出版社などの私人の場合に問題になります。この場合は「私人間でも憲法の人権規定は適用されるか」という「私人間効力」の論点がでてきます。

④，⑤については，違憲審査基準（合憲性判定基準）を立てて，その事例にあてはめていくことが求められます。

この順番で，1つずつ検討すれば，憲法の事例問題は，ひととおりのことが書けるようになります。少なくとも「何を書けばいいのかわからない」ということがなくなるので，とても便利な視点です。

ウ　思考プロセスの重要性

いまお話をしたのは「憲法」の思考プロセスでした。このように，どの科目でも，その法律に独特の思考プロセスを頭に入れておくと，適切な順序で，かつ，論点をもれなく拾うことができるようになります。

同じように「所得税法」でも，思考プロセスがあるのです。それが，すでに少しだけお話をした，次のものです。

【所得税法の思考プロセス】
＜だれの，どんな所得が，いつ課税され，計算はどうなるのか？＞

1つずつみていきましょう。分解すると「（1）だれの？」「（2）どんな所得が？」「（3）いつ課税されるのか？」「（4）計算はどうなるのか？」になります。

これからお話をする，この1つひとつが，所得税法で勉強する内容です。この思考プロセスは，事例問題などを考えるときに，つねに頭に入れておけば，強力な武器になりますよ。

（1）　だれの？（所得の人的帰属，課税単位）
ア　所得の人的帰属

まず，（1）「だれの？」です。これは，先にお話をした「課税要件」でいうと「納税義務者」と「課税物件の帰属」の話になります。

納税義務者がだれであるかについては，基本的にはシンプルです。その所得を得た人が，所得税の納税義務を負います。

ここで問題になるのは「実質所得者課税の原則」といわれる考え方です。条文をみてみましょう。所得税法の12条です。

（実質所得者課税の原則）

第12条　資産又は事業から生ずる収益の法律上帰属するとみられる者が単なる名義人であつて，その収益を享受せず，その者以外の者がその収益を享受する場合には，その収益は，これを享受する者に帰属するものとして，この法律の規定を適用する。

これを読むと「名義人」だとしても，実際にはその「収益を享受」していない場合，実際に「その収益を享受する者」に，所得が「帰属」すると書かれています。ですから，ここで「課税物件の帰属」という問題も入ってきます。

さらにこの条文の適用に際しては，「法律的帰属説」と「経済的帰属説」という2つの考え方（ものさし）があります。通説は「法律的帰属説」なのですが，学習する際には，2つの基準を勉強することになります（この点については，あとで詳しくお話をします）。

このように，だれに所得が帰属するかという問題を，所得税法では「所得の人的帰属」といいます。

イ　課税単位

また，こうした「所得の人的帰属」の前提の問題として，「課税単位」という問題もあります。

日本の所得税法は「個人単位主義」をとっています。個人単位主義というのは，＜その人が得た所得は，その人個人に帰属する＞という考え方で

す。あたりまえすぎて，だからなんなの？　と思われるかもしれませんが，異なる考え方を知ると意味がわかります。

　個人単位主義と異なる考え方には「**グループ単位主義**」（夫婦単位主義，家族単位主義）があります。要するに，所得税を納める義務を負う納税義務者を，その所得を得た個人で把握するのか，複数人のグループ（財布のヒモを同じにする集団。一般的には夫婦や家族などの団体）で把握するのかという問題です。

　課税単位については，いまの所得税法では，原則として個人単位主義がとられていますから，論点になるというわけではありません。しかし，立法例としては，グループで把握する考え方もあり（戦前は，日本も**世帯単位主義**といってグループ単位でとらえていました），それぞれの長所と短所を理解することが，頭の体操として求められます。

　課税単位には，複数の考え方があることがわかると，日本の所得税法では例外にあたる，「事業から対価を受ける親族がある場合の必要経費の特例」（所得税法56条）の意味もわかってきます。

　ここでは深入りしませんが，簡単にいうと，こういうことです。個人事業主が得る所得は「事業所得」にあたるのですが，たとえば，同居している奥さんに事業の手伝いをしてもらい給料を支払った場合，その給料は必要経費として，事業所得で得た収入から控除できないという特例があるのです。通常，事業所得者は，必要経費を控除できます。しかし，財布のヒモが1つの場合，そのなかでお金の支払いをしても所得税法上は把握をしない，ということなのです。そこで，この場合には，例外的に「グループ単位主義」がとられていることになります。

　なぜでしょうか。それは，奥さんにお金を支払えば必要経費にできるとなると，所得税を減らすことができるからです。これを「**所得分割の防止**」といいます。もっとも，実際には，税務署長から「**青色申告**」（帳簿書類の記載や備付けを行う義務を負う代わりに，税の優遇を受けられる制

度。所得税法143条）の承認を得た納税者（青色申告者）の場合，奥さんに支払ったお金も必要経費にできるという規定があります（所得税法57条1項，2項。「**青色事業専従者給与**」）。これは，いまみた例外のまた例外にあたることになります。法人税であれば損金として認められることとの均衡から，認められたものと理解されています。ただし，「対価として相当」なものに限られます。

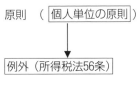

原則　（ 個人単位の原則 ）

↓

例外（所得税法56条）

「事業から対価を受ける親族がある場合の必要経費の特例」
＝配偶者等に対して支払った給与は「**必要経費**」に算入できない。

↓

例外（**所得税法57条**）

「青色申告の場合の事業専従者の特例」（＝青色事業専従者給与）
＝配偶者等に対して支払った給与も「**必要経費**」に算入できる。
　ただし，「対価として相当」なものに限られる。

　奥さんに事業を手伝ってもらっている人が，経費にしているよ，というよく聞く現実の話は，こちらの例外の例外（所得税法57条）の適用場面にあたるわけです（なお，青色申告の承認を得ていない**白色申告**の場合，所定の金額のみ専従者控除が認められます〔所得税法57条3項，**事業専従者控除**〕）。

　所得税法を「法律として学ぶ」際には，原則から，理論から，1つひとつ解きほぐしていくことが求められます。

　原則はどうなのか。それは，なぜか。例外はどうなのか。それは，なぜか。という具合にです。所得税法は，とても論理的な法律なのです。

（2） どんな所得が？
－ 3 つの問題（所得概念，非課税所得，所得分類）

　次に，（2）「どんな所得が？」という検討が必要になります。そして，この「どんな所得」という問題については，細かく分けると，さらに 3 つのポイントがでてきます。

① 所得概念

　1 つは，そもそも「所得」にあたるのか，という問題です。これは「所得概念」といって，所得税法にいう「所得とは何をいうのか」という議論です。

　この所得概念については，2 つの考え方があります。1 つは，反復・継続性のある利得のみが「所得」にあたるとする考え方です。これを「制限的所得概念」といいます。

　所得にあたるもの（つまり所得税が課税される利得）を，反復・継続性のあるものに制限しているので，制限的所得概念と呼ばれるのです。この考え方は，日本でも戦前は採用されていました。そのため戦前の所得税法では，偶然に得る「一時所得」や，不動産を譲渡したときに一時的に得られる売却益に課税する「譲渡所得」などは，課税されていませんでした。

　これに対して，所得に色は問わないとする考え方を「包括的所得概念」といいます。反復・継続性がなくても，あらたな経済的価値の流入があればすべて（＝包括的に）「所得」と考えるのです。

　これがいまの日本の所得税法が採用している「所得概念」です。なぜかというと，所得税法の課税物件は「所得」とされているだけであり（所得税法 7 条 1 項柱書），また，反復・継続性のない一時所得（同法34条 1 項）や譲渡所得（同法33条 1 項）に対しても課税される規定振りとなっているからです。

（課税所得の範囲）

第7条　所得税は，次の各号に掲げる者の区分に応じ当該各号に定める<u>所</u>・
<u>得</u>について課する。

（以下，省略）

（譲渡所得）

第33条　譲渡所得とは，資産の譲渡（建物又は構築物の所有を目的とする
　　地上権又は賃借権の設定その他契約により他人に土地を長期間使用させ
　　る行為で政令で定めるものを含む。以下この条において同じ。）による
　　所得をいう。

（以下，省略）

（一時所得）

第34条　一時所得とは，利子所得，配当所得，不動産所得，事業所得，給
　　与所得，退職所得，山林所得及び譲渡所得以外の所得のうち，営利を目
　　的とする継続的行為から生じた所得以外の一時の所得で労務その他の役
　　務又は資産の譲渡の対価としての性質を有しないものをいう。

（以下，省略）

　ここで問題になる論点の代表的なものに**「違法所得」**があります。たと
えば，銀行強盗で得た1億円は「所得」にあたるのか，利息制限法に違反
して得た超過利息は「所得」にあたるのか，という議論です。

　包括的所得概念は，所得発生の理由や原因を問いません。また，所得は経
済的価値であり，法的概念ではなく，経済的に把握される概念（**経済的概念**）
です。そこで，違法所得も「所得」にあたる，というのが判例・通説です。

　もっとも，違法に得た利得でも所得税が発生するとなると，国家が犯罪

行為や違法行為を助長することになるのではないか，という問題もでてきます。これをどう考えるのかが「違法所得」という論点なのですが，出発点は，所得を包括的に捉える「所得概念」にあります。

② 非課税所得

（2）のなかで次にでてくる議論は，「所得」にあたるとしても，非課税ではないか，というものです。これは所得税法がさまざまな理由（政策的な理由）から，所得であっても「非課税にする」ことを定めた規定があるからです。このような所得を「**非課税所得**」といいます。

所得税法は９条という規定のなかで，非課税所得を定めています（**非課税規定**）。たとえば，会社員が通勤手当（定期券相当額）の支給を受ける場合，これも「包括的所得概念」からすると，あらたに得た経済的価値なので「所得」にあたるはずです。しかし，９条１項５号が「一般の通勤者につき通常必要であると認められる部分として政令で定めるもの」については「所得税を課さない」と規定しているので，非課税になるのです。

条文もみておきましょう。

（非課税所得）

第９条 次に掲げる所得については，所得税を課さない。

（略）

五 給与所得を有する者で通勤するもの（以下この号において「通勤者」という。）がその通勤に必要な交通機関の利用又は交通用具の使用のために支出する費用に充てるものとして通常の給与に加算して受ける通勤手当（これに類するものを含む。）のうち，**一般の通勤者につき通常必要であると認められる部分**として政令で定めるもの

（以下，省略）

「宝くじは非課税なのに，競馬は課税される」ということがいわれることがあります。宝くじで得た当選金も，競馬で勝って得た払戻金も，<u>あらたな経済的価値を得ていますから「所得」にあたります。</u>そうすると，いずれも所得税が課されることになるはずです。

　しかし，宝くじについては「当せん金付証票法」という法律があって，所得税を課さないとする規定があるため（同法２条１項，13条），非課税なのです。

　条文は，次のようになっています。

（当せん金付証票の意義）
第２条　この法律において<u>「当せん金付証票」とは，その売得金の中から，くじびきにより購買者に当せん金品を支払い，又は交付する証票をいう。</u>
（以下，略）
第13条　<u>当せん金付証票の当せん金品については，**所得税を課さない**。</u>

　これに対して，馬券の払戻金については「非課税所得」であるとの規定は法律上，存在しません。ですから，原則どおり所得税が課されるのです。

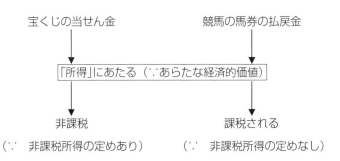

　　宝くじの当せん金　　　　　　　競馬の馬券の払戻金
　　　　　↓　　　　　　　　　　　　　　↓
　　「所得」にあたる（∵あらたな経済的価値）
　　　　　↓　　　　　　　　　　　　　　↓
　　　　非課税　　　　　　　　　　課税される
　（∵　非課税所得の定めあり）　（∵　非課税所得の定めなし）

③ 所得分類（所得区分）

　3つめにでてくる問題は，所得にあたり，かつ，非課税所得ではない場合です。この場合，所得税が課されることになりますが，どのように所得税の額を計算するかについては，さらに検討事項がでてきます。

　なぜかというと，日本の所得税法は「所得」について，それを得た原因や性質に着目して，**10種類の所得**を定めているからです。そして，それぞれの所得ごとに所得金額の計算方法が異なる（つまり，所得税の額が変わってくる）からです。

　これを「**所得分類**」あるいは「**所得区分**」といいます。実務上は「所得区分」というほうが一般的ですが，租税法の教科書では「所得分類」という言葉もよく使われています。意味は同じで，所得の種類ということです。

　所得税法の勉強のメインの1つは，この所得分類になります。10種類のうち，どの所得にあたるか。これについては，先に少しお話をしたように，判定する基準は所得税法には書かれていません。そこで，「事業所得にあたるか，それとも給与所得にあたるか」といったことは，判例が立てた規範（判断基準）があれば，それを基準にして，実際の事例に「あてはめ」をする作業が必要になります。

　租税法（司法試験）の論文試験では，このあたりが毎年，よく問われています。10種類の所得には，次のものがあります。

---

　①　利子所得（所得税法23条）

　②　配当所得（同法24条）

　③　不動産所得（同法26条）

　④　事業所得（同法27条）

　⑤　給与所得（同法28条）

　⑥　退職所得（同法30条）

　⑦　山林所得（同法32条）

---

⑧　譲渡所得（同法33条）

⑨　一時所得（同法34条）

⑩　雑所得（同法35条）

　このうち，⑧譲渡所得のなかでも取得から５年を超えてから譲渡された場合である「**長期譲渡所得**」，⑨一時所得の場合には，課税される部分が２分の１（半分だけ）になる計算が適用されます（所得税法22条２項２号，33条３項２号）。

> **（課税標準）**
> **第22条**　居住者に対して課する所得税の課税標準は，総所得金額，退職所得金額及び山林所得金額とする。
> 2　総所得金額は，次節（各種所得の金額の計算）の規定により計算した次に掲げる金額の合計額（第70条第１項若しくは第２項（純損失の繰越控除）又は第71条第１項（雑損失の繰越控除）の規定の適用がある場合には，その適用後の金額）とする。
> （略）
> 二　**譲渡所得の金額**（第33条第３項第２号に掲げる所得に係る部分の金額に限る。）**及び一時所得の金額**（これらの金額につき第69条（損益通算）の規定の適用がある場合には，その適用後の金額）の**合計額の２分の１**に相当する金額
> （以下，省略）

　少しわかりにくいかもしれませんが，22条２項２号は「２分の１」しか課税しませんよ，という規定です（**２分の１課税**）。その対象として「一時所得の金額」と「譲渡所得の金額」のなかでも，33条３項２号の所得（長期譲渡所得）にあたるものがある，ということです。

　譲渡所得は，以下のように，所得税法33条１項に規定があるのですが，

同条 3 項によって，1 号にあたるもの，つまり「資産の取得の日以後 5 年
以内にされた」譲渡（**短期譲渡所得**）と，2 号にあたるもの，つまり「前
号（1 号）に掲げる所得以外のもの」（資産の取得の日から 5 年を超えて
された譲渡。**長期譲渡所得**）に分けられています。そして，長期譲渡所得
については，2 分の 1 課税となっているのです。

（譲渡所得）

第33条　譲渡所得とは，資産の譲渡（建物又は構築物の所有を目的とする
　　地上権又は賃借権の設定その他契約により他人に土地を長期間使用させ
　　る行為で政令で定めるものを含む。以下この条において同じ。）による
　　所得をいう。

　（略）

3　譲渡所得の金額は，次の各号に掲げる所得につき，それぞれその年中
　の当該所得に係る総収入金額から当該所得の基因となつた資産の取得費
　及びその資産の譲渡に要した費用の額の合計額を控除し，その残額の合
　計額（当該各号のうちいずれかの号に掲げる所得に係る総収入金額が当
　該所得の基因となつた資産の取得費及びその資産の譲渡に要した費用の
　額の合計額に満たない場合には，その不足額に相当する金額を他の号に
　掲げる所得に係る残額から控除した金額。以下この条において「譲渡
　益」という。）から譲渡所得の特別控除額を控除した金額とする。

　一　資産の譲渡（前項の規定に該当するものを除く。次号において同
　　　じ。）でその**資産の取得の日以後 5 年以内にされた**ものによる所得（政
　　　令で定めるものを除く。）

　二　資産の譲渡による所得で**前号に掲げる所得以外のもの**

（以下，省略）

これらの所得は，制限的所得概念からすれば「所得」にあたらないもの

ですが，包括的所得概念からは「所得」にあたります。しかし，反復・継続性がないため，＜税金を負担する力＞は低いと考えられています。そこで，2分の1のみ課税されることになっているのです。

　＜税金を負担する力＞のことを「担税力」といいます。所得税法のテキストには「担税力」という言葉がよくでてきます。注目のキーワードです。担税力が高ければ税額は高くなり，逆に低ければ税額も低くなるという考えで，所得税法はつくられているからです。

　また，⑥「退職所得」については，最も所得税が低くなるようになっています。それは，「退職所得控除額」という特別の控除があって（勤続年数に応じて計算をします），さらにその2分の1しか課税されないことが原則とされているからです（所得税法30条2項）。

（退職所得）

第30条　退職所得とは，退職手当，一時恩給その他の退職により一時に受ける給与及びこれらの性質を有する給与（以下この条において「退職手当等」という。）に係る所得をいう。

2　退職所得の金額は，その年中の退職手当等の収入金額から**退職所得控除額を控除した残額の2分の1**に相当する金額（当該退職手当等が短期退職手当等である場合には次の各号に掲げる場合の区分に応じ当該各号に定める金額とし，特定役員退職手当等である場合には当該退職手当等の収入金額から退職所得控除額を控除した残額に相当する金額とする。）とする。

（以下，省略）

　これは，退職所得は，老後の生活保障のために支払われるのが一般的であり，その担税力はきわめて低いと考えられているからです。

（3）　いつ課税されるのか？（所得の年度帰属）

　どの所得にあたるかが確定したとしても，（3）「いつ課税されるのか」という問題がでてくることがあります。

　所得税は「暦年課税」といって，1月1日から12月31日までに得た所得について，翌年の3月15日（土日にあたる場合は月曜日）までに確定申告をすることで，確定するものです。暦年というのは，暦，つまりカレンダーどおりで1年を区切る，ということです（「年分」といいます）。学校などで使われている「年度」と対比すると違いがわかるでしょう。

　　　　　（暦年）
　　　　　　例）　令和3年分の所得税
　　　　　　　　　令和3年1月1日～同年12月31日

　　　　　（年度）
　　　　　　例）　令和3年度のカリキュラム
　　　　　　　　　令和3年4月1日～令和4年3月31日

　そうすると，たとえば令和3年分の所得税の確定申告をする場合，令和3年1月1日から12月31日までに得た所得について申告をして，その計算から導かれる税額を納めればよいことになります。ここで問題になるのは，契約は令和3年中にしたけれど，入金はなかった，という場合です。

　納税者の気持ちからすれば，契約はしたけれど，1円ももらっていないのだから「所得」はまだないと考えるかもしれません。そもそも，1円ももらっていない段階で，税金（所得税）など納めたくないでしょう。

　しかし，課税をする側（課税庁）からすると，そうはみないのです。契約をしたということは，令和3年中にその契約によって得られる金額はすでに「所得」として実現している，だから令和3年分の所得として確定申告をして，納税をしなければならないですよ，と考えるのです。

　どちらが正しいかはケースによるのですが，この問題を「所得の年度帰

属」といいます（この概念では，上記の「年分」という言葉は使われません）。とくにあとでお話をする**「必要経費の年度帰属」**の問題と分けて**「収入の年度帰属」**ということもあります。

　混乱がないようにわかりやすく図式化すると，次のようになります。

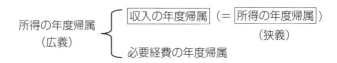

　ここで判例・通説が採っている考え方は**「権利確定主義」**です。収入の年度帰属の考え方をシンプルに2つに分けると，キャッシュ（現金），つまり現実の収入が入って初めて「所得」が実現するという考えがあります。これを**「現金主義」**といいます。

　これに対して，キャッシュ（現金），つまり現実の収入は得ていなくても，権利が発生していれば「所得」が実現したものとする考えがあります。これを**「発生主義」**といいます。

　判例・通説は，後者，つまり発生主義です。だから入金がなくても，権利が発生しているといえれば，その年の所得として申告しなければならないのです。

　権利確定主義は，その収入を得られる法的な権利の発生が確定した段階で「所得」が実現したと認識する考え方です。

```
   ┌ 現金主義
   ┤
   └ 発生主義 ── │権利確定主義│（判例・通説）
```

　もっとも，このような基準に立っても，事例ごとの「あてはめ」が問題になります。その意味で，この「所得（収入）の年度帰属」も，租税法

（司法試験）では，頻出の論点になっています。

（4）　計算はどうなるのか？（所得税額の計算）

　最後に，（4）「計算はどうなるのか？」を検討します。これまで，何度か，「収入から控除できる○○」（○○は必要経費が多かったと思います）という表現をしてきました。包括的所得概念は，所得をあらたに得た経済的価値と考えるのでしたよね。

　ここで注目すべき点は「あらたに」という部分なのです。「あらたに」得たものでなければ，「所得」にはあたらないということです。

　たとえば，Aさんが，100万円を出して，100万円のロレックスの腕時計を買ったとしても，所得はありません。100万円を出して，100万円の価値がある商品を得たに過ぎず，＋と－を計算すると，あらたに得た経済的価値は「0」だからです。

$$
\begin{array}{l}
+\quad 100万円の経済的価値（ロレックス）\\
\underline{-\quad 100万円}\\
\qquad\quad 0\ （＝あらたな経済的価値は，ゼロ）
\end{array}
$$

　これに対して，1,000万円で買った土地を，5,000万円で売ったBさんがいた場合，もとは1,000万円の資金を投入して得た資産が，5,000万円で売れたのですから，差額である4,000万円については「あらたに得た経済的価値」があるといえます。これが譲渡所得として課税される典型例です（実際には，譲渡費用なども控除できます）。

$$
\begin{array}{l}
+\quad 5,000万円（売却代金）\\
\underline{-\quad 1,000万円（取得価額）}\\
\quad\ 4,000万円（＝あらたな経済的価値）
\end{array}
$$

　このように，所得が「あらたに」得た経済的価値を指すことから，所得

税が定める所得では，その所得ごとに計算方法は異なりますが，原則として，マイナスできる（控除できる）「経費」が認められています。

典型例は，不動産所得，事業所得，雑所得，山林所得の4つです。とくにイメージしやすいのは事業所得でしょう。この4つの所得については「必要経費」を控除できます（所得税法37条1項，2項）。

（必要経費）

第37条　その年分の**不動産所得**の金額，**事業所得**の金額又は**雑所得**の金額（事業所得の金額及び雑所得の金額のうち山林の伐採又は譲渡に係るもの並びに雑所得の金額のうち第35条第3項（公的年金等の定義）に規定する公的年金等に係るものを除く。）の計算上**必要経費**に算入すべき金額は，別段の定めがあるものを除き，これらの所得の総収入金額に係る売上原価その他当該総収入金額を得るため直接に要した費用の額及びその年における販売費，一般管理費その他これらの所得を生ずべき業務について生じた費用（償却費以外の費用でその年において債務の確定しないものを除く。）の額とする。

2　山林につきその年分の事業所得の金額，**山林所得**の金額又は雑所得の金額の計算上**必要経費**に算入すべき金額は，別段の定めがあるものを除き，その山林の植林費，取得に要した費用，管理費，伐採費その他その山林の育成又は譲渡に要した費用（償却費以外の費用でその年において債務の確定しないものを除く。）の額とする。

この37条は「必要経費の範囲」を規定しているため，条文が長くなっていますが，ここでは範囲はみなくて大丈夫です。

他の所得についても，原則は「収入－経費」で考えるのですが，経費的なものを控除できない所得もあります。

たとえば，「利子所得」は，銀行にあずけた預金から得られる利子が典

型例ですが，この場合，通常は経費的なものはありません。そこで利子所得の場合は，収入金額がそのまま所得金額にあたる（経費の控除はできない）とされています（所得税法23条2項）。

（利子所得）

第23条

（略）

2 利子所得の金額は，その年中の利子等の**収入金額**とする。

利子所得の金額を「収入金額」のみと規定していて，必要経費を控除するといった規定がないということです。

これに対して，他の所得分類では，次のようなものを，収入から控除することができます。このような計算で導かれる金額を「**所得の金額**」（所得金額）といいます。

利子所得も含めて，その計算方法を挙げると，次のとおりです。

---

① 利子所得（所得税法23条）

　　利子所得の金額＝収入金額（同法23条2項）

② 配当所得（同法24条）

　　配当所得の金額＝収入金額−負債の利子（同法24条2項）

③ 不動産所得（同法26条）

　　不動産所得の金額＝総収入金額−必要経費（同法26条2項）

④ 事業所得（同法27条）

　　事業所得の金額＝総収入金額−必要経費（同法27条2項）

⑤ 給与所得（同法28条）

　　給与所得の金額＝収入金額−給与所得控除額（同法28条2項）

⑥ 退職所得（同法30条）

退職所得の金額＝（収入金額−退職所得控除額）×2分の1（同法30条2項）ただし，短期退職手当等は別に計算し，特定役員退職手当等は2分の1なし（同法30条2項かっこ書，4項，5項）

⑦　山林所得（同法32条）

山林所得の金額＝総収入金額−必要経費−特別控除額（同法32条3項）

⑧　譲渡所得（同法33条）

譲渡所得の金額＝総収入金額−（取得費＋譲渡費用）−特別控除額（同法33条3項）

⑨　一時所得（同法34条）

一時所得の金額＝総収入金額−支出金額−特別控除額（同法34条2項）

⑩　雑所得（同法35条）

雑所得の金額＝（公的年金等の）収入金額−公的年金等控除額（同法35条2項1号）

＝（公的年金等以外の）総収入金額−必要経費（同法35条2項2号）

このようにして，それぞれの「所得の金額」を計算した後は，さらに，ある所得分類の損失（収入金額よりも経費の額が多い赤字の場合のマイナス部分）を他の所得分類から引ける場合はそれを引きます。これを「**損益通算**」といいます（所得税法69条）。損益通算等（他に損失の繰越控除があります）を行って計算した金額を「**総所得金額**」といいます（所得税法21条1項2号，22条2項。ただし，退職所得，山林所得がある場合には，別に計算して，それぞれ「**退職所得金額**」「**山林所得金額**」といいます）。

また，この金額（総所得金額等）からさらに，基礎控除（所得税法86条），配偶者控除（同法83条），扶養控除（同法84条），勤労学生控除（同法82条），医療費控除（同法73条），社会保険料控除（同法74条）などの各

種の「所得控除」がありますので、それぞれの控除をしていくことになります。こうした所得控除を行って計算した金額を「課税総所得金額」といいます（所得税法21条1項3号、89条2項。ただし、退職所得、山林所得がある場合には、別に計算して、それぞれ「課税退職所得金額」「課税山林所得金額」といいます）。言葉がむずかしいと思われるかもしれませんが、よくみてみると、所得金額に「課税」がついただけです。

　こうして計算された「課税総所得金額」等に「税率」をかけることで、所得税の額（**所得税額**）がでるのです（所得税法21条1項4号）。この「税率」が、**累進税率**（るいしん）（正確にいうと「**超過累進税率**」。所得税法89条）になっていることについては、あとでまたお話をします。

　もっとも、さらに「**税額控除**」にあたるものがある場合には、上記の計算で得られた「所得税の額に相当する金額」から、さらに「税額控除」を行います（所得税法21条1項5号）。税額控除には、配当控除（所得税法92条）と外国税額控除（所得税法95条）があります。

　こうして、「所得税の額」（所得税額）が計算されます。

　このあたりの計算の仕組みは、たしかに、やや複雑ではあります。できるかぎりわかりやすく説明しましたが、1回読んだだけでは、わからなかったかもしれません。

　ここで大事なことは、所得税の額（所得税額）を計算するにあたっては、得た「収入」から多くのものを「控除」できる、ということです。そして、所得税法が規定している計算にのっとって収入金額から控除をされた残額に対して、税率を適用することで「課税」がされる、ということです。これは、担税力のある「所得」を把握するためです。

　こうした計算の仕組みについても、所得税法では勉強をします。もっとも、法律科目としての所得税法（租税法）では、試験で問われるのは細かい計算ではありません。

　ですから、数学や数字が苦手という人でも全く問題ありません。あくま

で，必要経費としての控除が認められるか，といった**法律上の要件の検討**，そしてあてはめが問われるのです。

5 法人税法は，所得税法の応用として学べる？

　租税法の学習の中心になる「所得税法」について，どのように勉強すればよいかをお話しました。

　本書は「所得税法の入門書」ではありませんので，＜所得税法の思考プロセス＞について，さらにつっこんだ解説はしません（ただし，第4章，第5章で，もう少し詳しいお話はでてきます）。

　もし，さらに所得税法を詳しく勉強したいと思った人に，おすすめの本があります。いまお話をした＜所得税法の思考プロセス＞にそって解説をした『分かりやすい「所得税法」の授業』（光文社新書，2014年）というわたしが書いた本です（詳細は，第7章（204頁）で紹介をします）。

　さて，ここからは，少し視点を変えて，**法人税法の学び方**についてお話したいと思います。所得税法の次に，すぐに「法人税法の勉強法」をお話するのは，すでにお話をしたように，司法試験の租税法で出題されるのは，所得税法と法人税法の2科目だからです（国税通則法も範囲ではありますが，正面から出題されたことはいまのところありません）。

　金子先生の『租税法〔第24版〕』の目次をみても，全体のなかで最もボリュームが多い「第2編　租税実体法」は，次のような項目から構成されています。

```
第2編　租税実体法
　第1章　序説
　第2章　課税要件総論
　第3章　課税要件各論
```

そして，この「**第3編　課税要件各論**」のなかをみると，さらに次のように分類されています。

```
第3章　課税要件各論
  第1節　総説
  第2節　所得課税
    第1款　所得税
    第2款　法人税
    第3款　同族会社と所得課税
    第4款　多様な事業体と投資媒体
    第5款　国際取引と所得課税
    第6款　住民税および事業税
  第3節　相続税および贈与税
  第4節　地価税
  第5節　固定資産税
  第6節　消費税
  第7節　流通税
```

　以上のうち，□で囲った「第2節　　所得課税」が，所得税法と法人税法にあたります（もっとも，地方税の所得課税としては，住民税と事業税もあるのですが，「第6款　住民税および事業税」は約20頁しかありません）。この「第2節　所得課税」は，192頁から689頁までを占めており，約500頁あります（全体で約1,250頁あるので，約4割あるということです）。

　そして，そのうち「第1款　所得税」については192頁から328頁までと約130頁あり，「第2款　法人税」については329頁から537頁までと約200頁近くあるのです。

ちなみに，残りの「第3款　同族会社と所得課税」は，所得税法と法人税法双方に規定がある話ですし，「第4款　多様な事業体と投資媒体」もおなじく所得税法・法人税法に関する話です。「第5款　国際取引と所得課税」も，いわゆる **「国際課税」** と呼ばれる分野ですが，所得税法と法人税法の話です。

第1節　総説

第2節　所得課税（約500頁）

　第1款　所得税（約130頁）

　第2款　法人税（約200頁）

　第3款　同族会社と所得課税（所得税＋法人税）

　第4款　多様な事業体と投資媒体（所得税＋法人税）

　第5款　国際取引と所得課税（「国際課税」。所得税＋法人税）

　第6款　住民税および事業税（約20頁）

　いずれにしても，租税法で勉強すべき **「課税要件論」** については，所得税法と法人税法のウエイトが大きい，ということです（なお，その考え方の入門書として，木山泰嗣『入門課税要件論』〔中央経済社，2021年〕参照）。ただし，法人税法については，司法試験の範囲としても，「所得税法を中心とし，これに関連する範囲で法人税法…を含み」とされていて，法人税法のなかでも，所得税法に関連する部分に限られているのです。

　これは，金子先生の『租税法〔第24版〕』でも，法人税法のほうが，実際には，所得税法の解説よりも多かったように，実際には「法人税法」のほうが「所得税法」よりも複雑で，範囲も広いのですが，そこまで手を広げてしまうと，法学部・法科大学院の「租税法」の学習としては，終わらなくなってしまうからです。

安心して下さい。租税法の勉強としては，法人税法は，あくまで所得税法のサブ（応用）なのです。ですから，勉強すべき範囲も，所得税法を中心にすれば十分なんです。

　そして，これからお話をするように，法人税法の勉強は，メインである所得税法の考え方を応用していけばよいのです。

　たとえば，＜所得税法の思考プロセス＞として，①実質所得者課税の原則（所得の人的帰属）という問題がありました。これは，法人税法でも，ほぼ同じ内容の条文があります。

　念のため，所得税法も引いておきますので，見比べてみてください。

　まずは，所得税法12条です。

（実質所得者課税の原則）

第12条　資産又は事業から生ずる収益の法律上帰属するとみられる者が単なる名義人であつて，その収益を享受せず，その者以外の者がその収益を享受する場合には，その収益は，これを享受する者に帰属するものとして，この法律の規定を適用する。

　次に，法人税法11条です。

（実質所得者課税の原則）

第11条　資産又は事業から生ずる収益の法律上帰属するとみられる者が単なる名義人であつて，その収益を享受せず，その者以外の法人がその収益を享受する場合には，その収益は，これを享受する法人に帰属するものとして，この法律の規定を適用する。

　ほとんど同じですよね。条文の番号まで，所得税法12条・法人税法11条と近い。これは，所得税法で実質所得者課税を勉強すれば，あとは，法人

税法でも応用すればよい（同じように考えればよい）ということです。

　なお，所得税法で少しみた「課税単位」については，法人税法の場合は「単体課税の原則」があります。法人は親子会社や関連会社などグループを形成していることが多いですが，1つの法人単体ごとに所得を計算して課税するのが原則なのです。ただし，「グループ通算制度」や「グループ法人税制」という制度もあり，例外的にグループでの法人の所得を計算する場合もあります。

　これも「個人単位主義」か「グループ単位主義」か，という所得税法の議論と似ていますよね（57〜58頁参照）。やはり，これも所得税法の応用で理解できる，ということです。

　「所得概念」という考え方もありました。これについても，個人が得た所得に対する課税が所得税であり（それを定めたのが「所得税法」ですね），法人が得た所得に対する課税が法人税ですから（それを定めたのが「法人税法」ですね），基本的には同じように考えることになります。

　あらたに得た経済的価値があれば「所得」と考えること，この所得概念は法人税法でも基本的には同じです。

　ただし，所得税法では，所得金額を計算する際には「収入−経費」が原則でしたが，法人税法の所得金額の計算は「益金−損金」とされています（法人税法22条1項）。

第2款　各事業年度の所得の金額の計算の通則

第22条　内国法人の各事業年度の所得の金額は，当該事業年度の益金の
　額から当該事業年度の損金の額を控除した金額とする。

（以下，省略）

これは，企業会計の利益計算である「**収益－費用**」を前提にするものであり，所得税における「**収入－経費**」とパラレルに考えることもできます。

法人税

　（各事業年度の）所得の金額　＝　益金　－　損金

所得税

　（その年分の）　所得の金額　＝　収入　－　経費　（原則※）
　　　　　　　　　　　　　　　　（※　所得分類ごとに異なる）

企業会計

　（会計年度の）　　　利益　＝　収益　－　費用

　<u>法人税法22条</u>は，法人税法の学習で，最も重要な条文です。<u>法人税法では，会社などの法人が得た所得を把握しなければなりません。</u>そして，会社などの法人は，その儲け（利益）を把握する手法として「**企業会計**」を用いて，決算を行っています（公認会計士が基準にしている「**企業会計原則**」のことです）。経営成績を株主・投資家などに報告・開示するための<u>企業会計の計算をベースにしながらも，公平な課税を行う観点から，法人税法ではさらに修正をかけるのです。</u>

　会計といいましたが，法人は「**確定した決算**」でその会計年度の収益と費用を計算します。具体的には，<u>原則として，会社法が定める株主総会決議を経た決算による，という意味です。</u>そこで，法人税法においては，その法人の当該事業年度の所得の金額は「確定した決算」によって算定するとされています（法人税法74条1項）。これを「**確定決算主義**」といいます。

　この点，企業会計のことを会計といいましたが，「**会計の三重構造**」といわれることがあります。

　「**企業会計**」の上に，会社法が定める「**会社法会計**」があり，さらにその上に法人税法が定める「**税務会計**」があるという意味です（「上」と

は，「前提」の意味です）。入門編なので，法人税法が会計を前提にしていることが確認できれば十分です（**企業会計準拠主義**）。

　なお，このあたりの入門的解説は，『分かりやすい「法人税法」の教科書』（木山泰嗣，光文社，2019年）に詳細を書いています。ポイントは，簡素化の観点から，法人税の所得計算を企業会計に準拠させつつ，公平な課税という法人税法の目的に則して「別段の定め」による修正が法人税法では行われている，という点にあります。
　さて，確定決算主義の条文もみておきましょう。1号から6号は細かいですから，ざっと流してもらって大丈夫です。柱書きにある「確定した決算に基づき」が，ポイントです。

（確定申告）
第74条　内国法人は，各事業年度終了の日の翌日から2月以内に，税務署長に対し，確定した決算 に基づき次に掲げる事項を記載した申告書を提出しなければならない。
　一　当該事業年度の課税標準である所得の金額又は欠損金額
　二　前号に掲げる所得の金額につき前節（税額の計算）の規定を適用して計算した法人税の額
　三　第68条及び第69条（所得税額等の控除）の規定による控除をされるべき金額で前号に掲げる法人税の額の計算上控除しきれなかつたものがある場合には，その控除しきれなかつた金額

四　その内国法人が当該事業年度につき中間申告書を提出した法人である場合には，第2号に掲げる法人税の額から当該申告書に係る中間納付額を控除した金額

五　前号に規定する中間納付額で同号に掲げる金額の計算上控除しきれなかつたものがある場合には，その控除しきれなかつた金額

六　前各号に掲げる金額の計算の基礎その他財務省令で定める事項

（以下，省略）

　個人が得た所得の場合は，企業会計の問題はありませんので，所得税法でシンプルに決められます。しかし，法人税法ではそうはいかないということです。これが，法人税法で「**益金 － 損金**」という計算式を使っている理由です。

　このように考えると，所得税法と法人税法の違いは何か，という観点から，所得税法で勉強した基本を応用しながら，法人税法の特殊性をつかんでいくことができます。

　なお，所得税法では，10種類の所得（所得分類）がありましたが，法人税法ではありません。法人が得た所得は，基本的に事業で得た所得なので，いわば，所得税法でいう「事業所得」の団体版なのです。

```
（所得税法）                          （法人税法）
＝個人の所得                         ＝法人の所得

   ①  利子所得（所得税法23条）
   ②  配当所得（同法24条）
   ③  不動産所得（同法26条）
   ④  事業所得 （同法27条）──────▶  この団体（法人）版
   ⑤  給与所得（同法28条）
   ⑥  退職所得（同法30条）
   ⑦  山林所得（同法32条）
   ⑧  譲渡所得（同法33条）
   ⑨  一時所得（同法34条）
   ⑩  雑所得（同法35条）
```

　したがって，法人が得た所得については，性質やその原因によって「所得の種類」を分ける，ということはしません。これも法人税法の特殊性です。

　いつ課税されるか，という問題については，所得税法と基本的には同じ考え方が妥当します。いわゆる**権利確定主義**です。これは所得税法だけではなく，法人税法でも採用されていると考えられています（判例・通説）。
　ただし，法人の得た所得は，企業会計との関係で，さまざまな基準が使われるため，その法人が継続して使っている企業会計の基準であり，「一般に公正妥当と認められる会計処理の基準」（**公正処理基準**）といえれば，その基準によって決められている事業年度の所得として計算してよいことになっています。これは法人税法の特殊性です。
　いま「**事業年度**」といいました。所得税法では「暦年課税」（1月1日から12月31日）でした（68頁参照）。これに対して法人税法では，その法人の各「事業年度の所得」に対して課税されます（法人税法21条）。

> **（各事業年度の所得に対する法人税の課税標準）**
> **第21条**　内国法人に対して課する各事業年度の所得に対する<u>法人税の課税標準は，各</u>事業年度の所得<u>の金額とする。</u>

　課税標準という言葉は，課税要件のお話をしたときにでてきましたが，覚えていますか。課税の客体（対象）である「課税物件」を，税額計算できるように数値化したものが「課税標準」でした（52頁。第4章で，課税要件を詳しくみますので，そのときにもう1度お話をします）。

　したがって，その法人が採用している決算期（たとえば，3月決算であれば，4月1日から翌年の3月31日まで）を1事業年度として，その事業年度における所得の金額を計算することになります。これも，法人税法の特殊性になります。

　このように，<u>租税法のメインである所得税法をきちんと学べば，あとは租税法のサブである法人税法については，その応用でさくさく勉強することができます。</u>その意味でも，やはり，<u>所得税法をきちんと勉強することが重要になる</u>のです。

　ここまでで，本書でお話しようと思っていたことの基本は，ほぼお話しました。

　ここから先は，租税法の全体像（第3章）や，具体的な課税要件の学び方（第4章），租税法の基本原則（第5章）などをお話していきます。<u>第3章から第5章は，いわゆる租税法の教科書でオーソドックスなテーマです。</u>

　といっても，これらはいずれも，すでにいままでお話したことの「切り口」を変えたものです。読者の方は，すでに，ふつうの租税法の本とは違う説明方法で，これらの基本はみているのです。

重複する箇所もでてきます。その場合，いままでのお話で理解できたことについては復習（確認）になり，理解できなかったことについては，もう1度トライするチャンス（機会）になりますよ。

第3章

租税法は
どのような法律なのか？

1 租税法の全体像

　ふつうの租税法入門のテキストであれば，本来，この第3章から入るべきなのかもしれません。

　しかし，イメージをもたないままに，法律の全体像に入ってしまうと，「租税法」の場合は，「思ったとおりだ。やはりむずかしそうだ」と感じてしまうおそれがあります。

　憲法，民法，刑法であれば，全体像からでもよいのです。もともと，ある程度はイメージしやすく，かつ必修科目に位置づけられているからです。しかし，応用科目であり，通常は選択科目になっている租税法では，そうはいきません。わたし自身も，そういうイメージを「租税法」に対してもっていた人間の1人ですから，その気持ちがよくわかるのです。

　それで，第1章から第2章まで，別の切り口から，租税法の雰囲気をお伝えしてきました。それによってある程度，**租税法の輪郭**もみえてきたのではないでしょうか。

　という状況になったところで（「いや，まだ全然ですけど…」という方でも大丈夫です），ようやくですが，租税法の全体像をお話したいと思います。すでに細切れにではありますが，その多くはお伝えしてきました。これからお話することは，大半が復習に近いかもしれません。

　いずれにしても，いまあなたはきっと，これからお話する「租税法の全体像」を目にしても，なんとなくでもイメージがつかめるはずです。

　「租税法の全体像」は，あとで図示しますが（95頁），憲法を頂点とした法体系のなかで構成されています。第1章でお話したように，租税法は，憲法に基づくものであり，行政法の一部でした。

しかし，税のつくりかたは複雑になっています。そのため，抽象的にならざるを得ない「法律」の下に「施行令」があり，「施行規則」があります。下位の規範がいろいろあるのです。

　ただ，ここまでは「会社法」でも同じです。

　租税法の場合には，さらに実務で使われ続けている法律ですので，税務署や国税局が実際に課税をする際に「実務（運用）上の基準」として使う「通達」の規定があります（通達については，あとでまたお話します）。

　最近では「通達」でも足りない部分について，国税庁がＱ＆Ａをだしているものもあります。たとえば，国税庁「役員給与に関するＱ＆Ａ」（平成20年12月（平成24年４月改訂））などがあります。これは国税庁ウェブサイトでみることができますが，こんな感じです。

（業績の著しい悪化が不可避と認められる場合の役員給与の減額）〔平成24年４月追加〕

　［Ｑ１－２］　当社（年１回３月決算）は，ここ数年の不況の中でも何とか経営を維持してきましたが，当期において，売上の大半を占める主要な得意先が１回目の手形の不渡りを出したため，その事情を調べたところ，得意先の経営は悪化していてその事業規模を縮小せざるを得ない状況にあることが判明し，数か月後には当社の売上が激減することが避けられない状況となりました。そこで，役員給与の減額を含む経営改善計画を策定し，今月から役員給与を減額する旨を取締役会で決議しました。

ところで，年度中途で役員給与を減額した場合にその損金算入が認められるためには，その改定が「経営の状況が著しく悪化したことその他これに類する理由」（業績悪化改定事由）によることが必要とのことですが，当社のように，現状ではまだ売上が減少しておらず，数値的指標が悪化しているとまでは言えない場合には，業績悪化改定事由による改定に該当しないのでしょうか。

　［A］

　貴社の場合，ご質問の改定は，現状では売上などの数値的指標が悪化しているとまでは言えませんが，役員給与の減額などの経営改善策を講じなければ，客観的な状況から今後著しく悪化することが不可避と認められますので，業績悪化改定事由による改定に該当するものと考えられます。

　［解説］

　（1）　定期給与（支給時期が1月以下の一定の期間ごとである給与）で，業績悪化改定事由により減額改定がされた場合において，減額改定前の各支給時期における支給額及び減額改定後の各支給時期における支給額が同額であるものは，それぞれ定期同額給与として損金の額に算入されます。この場合の業績悪化改定事由とは，「経営の状況が著しく悪化したことその他これに類する理由」をいいます。

　この業績悪化改定事由は，経営状況が著しく悪化したことなどやむを得ず役員給与を減額せざるを得ない事情があることをいい，通常は売上や経常利益などの会社経営上の数値的指標が既に悪化している場合が多いものと思われますが，ご質問の場合のように，現状ではこれらの指標が悪化しているとまでは言えない場合にも業績悪化改定事由に当たるのかどうか疑問が生じます。

　（2）　この点，ご質問は，売上の大半を占める主要な得意先が1回目の手形の不渡りを出したという客観的な状況があり，得意先の経営状況を踏まえれば数か月後には売上が激減することが避けられない状況となったため，役員給与の減額を含む経営改善計画を策定したとのことです。

　このように，現状では数値的指標が悪化しているとまでは言えないものの，役員給与の減額などの経営改善策を講じなければ，客観的な状況から今後著し

く悪化することが不可避と認められる場合には，業績悪化改定事由に該当するものと考えられます。また，今後著しく悪化することが不可避と認められる場合であって，これらの経営改善策を講じたことにより，結果として著しく悪化することを予防的に回避できたときも，業績悪化改定事由に該当するものと考えられます。

　ご質問の場合以外にも，例えば，主力製品に瑕疵があることが判明して，今後，多額の損害賠償金やリコール費用の支出が避けられない場合なども業績悪化改定事由に該当するものと考えられますが，あくまでも客観的な状況によって判断することになりますから，客観的な状況がない単なる将来の見込みにより役員給与を減額した場合は業績悪化改定事由による減額改定に当たらないことになります。

（3）　なお，ご質問のような場合には，役員給与を減額するに当たり，会社経営上の数値的指標の著しい悪化が不可避と判断される客観的な状況としてどのような事情があったのか，経営改善策を講じなかった場合のこれらの指標を改善するために具体的にどのような計画を策定したのか，といったことを説明できるようにしておく必要がありますので，留意してください。

（注）　事前確定届出給与（法法34①二）に係る業績悪化改定事由（法令69③二）についても，同様の取扱いとなります。
　［関係法令通達］
　法人税法第34条第1項第1号
　法人税法施行令第69条第1項第1号
　法人税基本通達9－2－13

（国税庁「役員給与に関するQ＆A」（平成20年12月〔平成24年4月改訂〕））

　丁寧に解説されていますよね。このように，Q＆Aでは，具体的な事例が挙げられたなかで，その事例における税法の適用について解説がされています。こうした，もろもろをとらえて，租税法は理解しなければなりません。
　もちろん，租税法律主義ですから，軸としてみるべきは「法律」です。

ただし，「施行令」や「施行規則」は，法律の委任を受けています。委任の範囲を超えているようなものでないかぎり（通常はありませんし，司法判断がでないかぎりそう断言することはできません），施行令・施行規則も「法令」の1つとして，しっかりみる必要がある場合もあります。

　たとえば，会社の役員に不相当に高額な役員給与を支払った法人は，その不相当に高額と判断された部分については，「損金」に算入できないという規定があります。

　法人の1事業年度の所得の金額は，その事業年度における「益金」から「損金」を引くことで計算します。引かれる「損金」の額が減れば，所得の額が多くなり，結果，法人税の額は増えることになります。損金に算入できないとは，こういうことです。

　このことは，法人税法34条2項に規定されています。

（役員給与の損金不算入）

第34条

　（略）

2　内国法人がその役員に対して支給する給与（前項又は次項の規定の適用があるものを除く。）の額のうち 不相当に高額な部分 の金額として政令で定める金額 は，その内国法人の各事業年度の所得の金額の計算上，損金の額に算入しない。

（以下，省略）

　この規定をみると，「不相当に高額な部分」ではなく，「不相当に高額な部分として政令で定める金額」について「損金の額に算入しない」ことが定められていることがわかります。

　このように租税法の条文（法律の規定）のなかで，政令に委任しているようなものがある場合には，その政令についても「法令」の一部として，

しっかりみる必要があります。

　そこで法人税法施行令をみると，次のようになっています。

（過大な役員給与の額）

第70条　法第34条第２項（役員給与の損金不算入）に規定する政令で定める金額は，次に掲げる金額の合計額とする。

一　次に掲げる金額のうちいずれか多い金額

イ　内国法人が各事業年度においてその役員に対して支給した給与（法第34条第２項に規定する給与のうち，退職給与以外のものをいう。以下この号において同じ。）の額（第３号に掲げる金額に相当する金額を除く。）が，**当該役員の職務の内容，その内国法人の収益及びその使用人に対する給与の支給の状況，その内国法人と同種の事業を営む法人でその事業規模が類似するものの役員に対する給与の支給の状況**等に照らし，当該役員の職務に対する対価として相当であると認められる金額を超える場合におけるその超える部分の金額（その役員の数が２以上である場合には，これらの役員に係る当該超える部分の金額の合計額）

ロ　定款の規定又は株主総会，社員総会若しくはこれらに準ずるものの決議により，役員に対する給与として支給することができる金銭その他の資産について，金銭の額の限度額若しくは算定方法，その内国法人の株式若しくは新株予約権の数の上限又は金銭以外の資産（ロにおいて「支給対象資産」という。）の内容（ロにおいて「限度額等」という。）を定めている内国法人が，各事業年度においてその役員（当該限度額等が定められた給与の支給の対象となるものに限る。ロにおいて同じ。）に対して支給した給与の額（法第34条第６項に規定する使用人としての職務を有する役員（第３号において「使用人兼務役員」という。）に対して支給する給与のうちその使用人としての職務に

対するものを含めないで当該限度額等を定めている内国法人について
は，当該事業年度において当該職務に対する給与として支給した金額
（同号に掲げる金額に相当する金額を除く。）のうち，その内国法人の
他の使用人に対する給与の支給の状況等に照らし，当該職務に対する
給与として相当であると認められる金額を除く。）の合計額が当該事
業年度に係る当該限度額及び当該算定方法により算定された金額，当
該株式又は新株予約権（当該事業年度に支給されたものに限る。）の
当該上限及びその支給の時（第71条の３第１項（確定した数の株式を
交付する旨の定めに基づいて支給する給与に係る費用の額等）に規定
する確定数給与（ロにおいて「確定数給与」という。）にあつては，
同項の定めをした日）における１単位当たりの価額により算定された
金額並びに当該支給対象資産（当該事業年度に支給されたものに限
る。）の支給の時における価額（確定数給与にあつては，同項に規定
する交付決議時価額）に相当する金額の合計額を超える場合における
その超える部分の金額（同号に掲げる金額がある場合には，当該超え
る部分の金額から同号に掲げる金額に相当する金額を控除した金額）
（以下，略）

　長い条文でびっくりしたかもしれませんが，むずかしいことは書かれて
いません。大丈夫です。簡単にいうと，「ロ」は形式基準といって，株主
総会で決議された役員報酬の額を超えていないかをみます。「イ」は実質
基準といって，類似法人（その法人と同規模の法人）で支給された役員給
与の金額などを計算して，どのラインを超えれば「不相当に高額」といえ
るかを算定するものです。
　ここではつっこんだ解説はしませんが，こうした基準を使って「不相当
に高額な部分」にあたるかどうかを判定することになります。
　このようにお話をすると，「なんだ。施行令まで勉強しなければならな

いのか」「租税法は面倒そうだなあ」と思われるかもしれません。

　しかし，司法試験で出題される租税法では，試験六法に施行令は（施行規則も，もちろん通達も）掲載されていません。もしこれらを問う場合には，問題のなかに施行令や通達の規定が参考条文として掲載されます。

　つまり，実務では大事なのですが，「租税法」の学習としては，基本的には，施行令や通達をみることは少ない，ということです。そもそも，租税法の施行規則については，実務ですら，あまりみることがありません。

　さて，全体像をみておきましょう。試験（司法試験）との関係で「範囲」になる部分はごく限られていることがわかると思います。下の図の網掛け部分が「司法試験」の範囲にあたる部分です。

　これをみると，たくさんある「租税法の全体像」のなかで，「司法試験」レベルですら，ごく一部だけが，租税法の学習範囲になっていることがわかると思います。

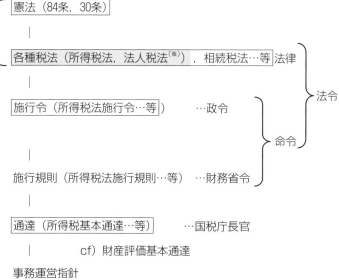

<租税実体法>

憲法（84条，30条）
　　｜
各種税法（所得税法，法人税法^(※)），相続税法…等　法律
　　｜
施行令（所得税法施行令…等）　　　…政令
　　｜
施行規則（所得税法施行規則…等）　…財務省令
　　｜
通達（所得税基本通達…等）　　　…国税庁長官
　　｜　　　cf）財産評価基本通達
事務運営指針
　　　　　　　　　　　　　　　　　　　　　法令
　　　　　　　　　　　　　　　　　　命令

このうち「法人税法」については，企業会計（企業会計原則等）を学ぶことも本当は必要になります。なぜかというと，法人税法22条４項が次のように定めているからです。

第２款　各事業年度の所得の金額の計算の通則

第22条　内国法人の各事業年度の所得の金額は，当該事業年度の益金の額から当該事業年度の損金の額を控除した金額とする。

（略）

4　第２項に規定する当該事業年度の<u>収益の額及び前項各号に掲げる額は</u>，別段の定めがあるものを除き，一般に公正妥当と認められる**会計処理の基準**に従つて計算されるものとする。

（以下，省略）

この条文（法人税法22条４項）にある「**収益の額**」というのは，「益金<ruby>えき<rt></rt></ruby>」を計算するためのベースになる会計上のプラスの金額を意味します。これに対して「前項各号に掲げる額」というのは，以下のような規定になっていて（同法22条３項），「損金<ruby>そんきん<rt></rt></ruby>」を計算するためのベースになる会計上のマイナスの金額（いわゆる**費用**）を意味しています。

3　内国法人の各事業年度の所得の金額の計算上当該事業年度の<u>損金</u>の額に算入すべき金額は，別段の定めがあるものを除き，次に掲げる額とする。

　一　当該事業年度の収益に係る売上原価，完成工事原価その他これらに準ずる**原価の額**

　二　前号に掲げるもののほか，当該事業年度の販売費，一般管理費その他の**費用**（償却費以外の費用で当該事業年度終了の日までに債務の確

定しないものを除く。）の額

　三　当該事業年度の 損失 の額 で資本等取引以外の取引に係るもの

　　法人の所得は，「益金 － 損金」だといいましたが，そのベースになるの
は会計上の「収益」と「費用」なのです。その計算は，原則として，「一
般に公正妥当と認められる会計処理の基準」（公正処理基準）によること
になります。

　　ただし，法人税法上，この会計上の数字は，法人税法が定める「別段の
定め」により修正されることになります。たとえば，さきほど挙げた例で
いうと，役員給与は，会計上は費用ですが，不相当に高額と判断されると
法人税法上は「損金」に算入されない，などです。

　　しかし，法学部・法科大学院の「租税法」は，法人税法を法律として学
ぶことに主眼がありますから，会計の中身の知識までは出題されません。

　　この点からも，租税法の対象は限定されています。95頁の図の（※）の
部分が，さらに以下のようになるからです。

　（※）　法人税法 22条 4 項
　　　　→益金及び損金の計算方法
　　　　「一般に公正妥当と認められる会計処理の基準」　公正処理基準

　　以上は，租税法のなかでも，メインになる「租税実体法」（課税要件を
定めた実体法）の概観でした。手続法（租税手続法）については，あとで
お話をしたいと思います。

2 周辺法令等との関係 （通達・事務運営指針など）

　租税法（実体法）の全体像のお話のなかで，「通達」や「事務運営指針」がでてきましたよね。

　通達というのは，国税庁長官が発遣^(はっけん)する税務職員に対する命令です。「法律」や「施行令」などの「法令」だけでは，実務上の運用の面からみると，不十分なのです。画一処理をするためには，十分とはいえない抽象性が法律の条文にはあるからです。これはやむを得ません。

　そこで，実際には，それぞれの租税法（実体法）ごとに，通達の規定があります。所得税法であれば「**所得税基本通達**」がありますし，法人税法であれば「**法人税基本通達**」があります。相続税法の場合は「**相続税法基本通達**」のほかに，重要な通達があります。相続税を計算するためには，対象になる相続財産の評価が必要です。その評価は相続税法では「**時価**」による，と書かれています（相続税法22条）。しかし，どのように時価を算定すべきかについては，相続税法には書かれていません。そこで相続財産の時価はいくらか，という評価の問題がでてくるのです。こうして，どのように時価を計算すべきかを詳細に定めた通達として，「**財産評価基本通達**」があります。「**評価通達**」と呼ばれることもあります。

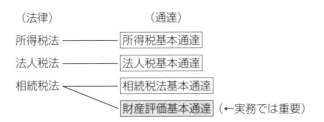

くりかえしになりますが，こうした通達の規定は，「法令」ではありません。どこに根拠があるかというと，国家行政組織法です。同法14条２項には，「各省大臣，各委員会及び各庁の長官は，その機関の所掌事務について，**命令**又は示達をするため，所管の諸機関及び職員に対し，訓令又は 通達 を発することができる。」と書かれています。

　これは，国税庁長官が，国税庁に属する職員（税務職員）に対して行う内部命令なのです。

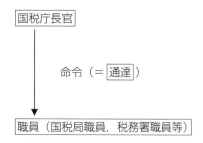

　この通達の規定があることで，税務調査や課税処分などにおいて，国税側（課税庁）は，画一的な処理ができることになります。

　たとえば，ある所得が，所得税法が定める**「一時所得」**（所得税法34条１項）にあたるかを，現場の職員が「法的に判定する」のは，困難を伴うでしょう。しかし，次のような通達の規定があるため，国税職員としては，国税庁長官（上司）からの命令である，この規定をみながら，一時所得にあたるかを判断することが可能になります。

　所得税基本通達34－１という規定です。みてみましょう。

（一時所得の例示）

34-1　下線に掲げるようなものに係る所得は，**一時所得に該当する**。（略）

（1）　懸賞の賞金品，福引の当選金品等（業務に関して受けるものを除く。）

（2）　**競馬の馬券の払戻金**，競輪の車券の払戻金等（営利を目的とする継続的行為から生じたものを除く。）

　　（注）略

（3）　労働基準法第114条《付加金の支払》の規定により支払を受ける付加金

（4）　令第183条第2項《生命保険契約等に基づく一時金に係る一時所得の金額の計算》に規定する生命保険契約等に基づく一時金（業務に関して受けるものを除く。）及び令第184条第4項《損害保険契約等に基づく満期返戻金等》に規定する損害保険契約等に基づく満期返戻金等

（5）　法人からの贈与により取得する金品（業務に関して受けるもの及び継続的に受けるものを除く。）

（6）　人格のない社団等の解散により受けるいわゆる清算分配金又は脱退により受ける持分の払戻金

（7）　借家人が賃貸借の目的とされている家屋の立退きに際し受けるいわゆる立退料（略）

　　（注）略

（8）　民法第557条《手付》の規定により売買契約が解除された場合に当該契約の当事者が取得する手付金又は償還金（業務に関して受けるものを除く。）

（9）　略

(10)　遺失物拾得者又は埋蔵物発見者が受ける報労金

(11)　遺失物の拾得又は埋蔵物の発見により新たに所有権を取得する資産

(12)　略

（以下，省略）

　少し長めに引用しましたが，このように，通達をみると，所得税法34条1項が定める「一時所得」にあたるものの具体例が規定されています。

　そうすると，たとえば「競馬の馬券の払戻金」は，所得税基本通達34－1（2）にあたりますから，これは「一時所得」にあたりますよ，ということになります。

　ところが，通達は「法律」ではありません。租税法律主義のもとでは，課税は「法律」によらなければなりません。法律ではない「通達」で課税をすることは許されないのです。課税要件法定主義でしたね（47頁）。

　そうすると，税務職員が行う**税務行政**としては，長官からの命令である通達に従わざるを得ないとしても，裁判所がみるときは，つまり，本来の法律の適用として考えると，「通達に書いてあるから一時所得です」とはならないことになります。「法律」である所得税法34条1項が定める「一時所得」にあたるかを，その条文が定める「課税要件」を検討して「あてはめ」をする。こうした作業が必要になる，ということです。

　あらためて，所得税法34条1項をみてみましょう。

（一時所得）
第34条　一時所得とは，利子所得，配当所得，不動産所得，事業所得，給与所得，退職所得，山林所得及び譲渡所得以外の所得のうち，営利を目的とする継続的行為から生じた所得以外の一時の所得で労務その他の役務又は資産の譲渡の対価としての性質を有しないものをいう。
（以下，省略）

　少し長いですが，一時所得にあたるための要件は，この所得税法34条1項をみると，大きく分けて，3つの要件に分けることができます。

ひとつは「利子所得，配当所得，……譲渡所得以外の所得」であることです。ここに挙げられている所得の種類の数を，数えてみてください。数えてみると，8個あります。では，所得分類は全部でいくつありましたか？　そうです。10種類です。

　そして，他の9種類にあたらない所得は「雑所得」になるとされています（所得税法35条1項）。

（雑所得）

第35条　雑所得とは，利子所得，配当所得，不動産所得，事業所得，給与所得，退職所得，山林所得，譲渡所得及び一時所得のいずれにも該当しない所得をいう。

（以下，省略）

　したがって，「他の8種類の所得にあたらないこと」という要件から，一時所得は，10種類ある所得分類のなかでも，最後の2つとして残ったものになる，ということがわかります。そして，この「他の8種類の所得にあたらないこと」（**除外要件**）が，一時所得の1つめの要件（①要件）になります。

　次に，所得税法34条1項をみると，「営利を目的とする継続的行為から生じた所得以外の一時の所得」という要件があることがわかります。これは，文言は長いですが，要するに「継続性がないこと」ということができます。一時所得の2つめの要件は，**「非継続要件」**（②要件）ということができます。

　最後に「労務その他の役務又は資産の譲渡の対価としての性質を有しないもの」とあるのは，「対価性がないこと」という要件といえます。これが3つめの要件である**「非対価要件」**（③要件）です。

一時所得の要件 {
① 他の8種類の所得にあたらないこと（除外要件）
② 非継続要件
③ 非対価要件
}

　この3つをすべて満たして，初めてその所得は「一時所得」にあたります。これが所得税法という「法律」を適用するプロセスです。

他の8種類の所得分類

（利子所得，配当所得，不動産所得，事業所得，給与所得，退職所得，山林所得，譲渡所得）

↓ いずれにもあたらない

一時所得 （②要件，③要件を満たす）

↓ 満たさない

雑所得

　ところが，たとえば，競馬の馬券の払戻金であっても，数年にわたって継続して数億円単位のお金を投じて，毎年のように利益を得ていた人がいた場合（実際にいたのですが），それは「法的」にみて，「一時所得」といえるのか，という問題がでてきます。

　要件をみると，②要件ですね。継続性があるじゃないか，つまり「非継続要件」（②要件）を満たさないじゃないか，という議論です。

　最高裁は，この「非継続要件」を満たさないので，一時所得にはあたらないと判断しました（最高裁平成27年3月10日第三小法廷判決・刑集69巻2号434頁）。

　所得税基本通達34－1に「一時所得」であると書いてあった点については，同事件の下級審で次のように判示されました。

「所得税基本通達34-1は，一時所得の例示として，『競馬の馬券の払戻金，競輪の車券の払戻金等』を挙げているが，<u>通達は，行政機関の長が所管の諸機関及び職員に対して行う命令ないし示達であり（国家行政組織法14条2項），国民に対する拘束力を有する法規範ではない。</u>したがって，通達の定めは，裁判所の行う法律解釈に際し，<u>当該法令についての行政による解釈としてその</u>**参考とはなり得るが**，<u>それ以上の影響力を持つものではない。</u>」

（大阪地裁平成25年5月23日判決・刑集69巻2号470頁）

　これが通達に対する考え方になります。租税法の適用においては，あくまで「法律」の要件を検討して結論を出すということ，つまり，**通達は参考レベルにしかならない，**ということです。

　そして，<u>通達は，内部命令なので税務職員を拘束しますが，国民も裁判所も拘束しない，</u>ということです。

```
                ┌ 税務職員    ○拘束する　（∵  国税庁長官の内部命令）
                │
        通達 ───┤ 国　　民    ×拘束しない（∵  法律ではない）
                │
                └ 裁 判 所    ×拘束しない（∵  法律ではない）
```

　「事務運営指針」という名前で出される内部命令もあります。たとえば，納税者が実際に得た所得よりも少なく申告をしていた場合（これを「過少申告」といいます），**行政措置**（ペナルティ）として**過少申告加算税**が賦課されます（国税通則法65条1項）。

　以下の条文のとおり，本税部分の10％（原則）をさらに「加算税」として納付しなければならなくなるのです（同条同項）。

　近時の最高裁判決では，さらに詳細に，次のような見解を示した補足意見があります。

宇賀克也裁判官の補足意見

　「……通達は，法規命令ではなく，講学上の行政規則であり，下級行政庁
は原則としてこれに拘束されるものの，国民を拘束するものでも裁判所を拘
束するものでもない。確かに原審の指摘するとおり，通達は一般にも公開さ
れて納税者が具体的な取引等について検討する際の指針となっていることか
らすれば，課税に関する納税者の信頼及び予測可能性を確保することは重要
であり，通達の公表は，最高裁昭和60年（行ツ）第125号同62年10月30日第
三小法廷判決・裁判集民事152号93頁にいう「公的見解」の表示に当たり，
それに反する課税処分は，場合によっては，信義則違反の問題を生ぜしめる
といえよう。しかし，そのことは，裁判所が通達に拘束されることを意味す
るわけではない。」

宮崎裕子裁判官の補足意見

　「……より重要なことは，通達は，どのような手法で作られているかにか
かわらず，課税庁の公的見解の表示ではあっても法規命令ではないという点
である。そうであるからこそ，ある通達に従ったとされる取扱いが関連法令
に適合するものであるか否か，すなわち適法であるか否かの判断において
は，そのような取扱いをすべきことが関連法令の解釈によって導かれるか否
かが判断されなければならない。税務訴訟においても，通達の文言がどのよ
うな意味内容を有するかが問題とされることはあるが，これは，通達が租税
法の法規命令と同様の拘束力を有するからではなく，その通達が関連法令の
趣旨目的及びその解釈によって導かれる当該法令の内容に合致しているか否
かを判断するために問題とされているからにすぎない。そのような問題が生
じた場合に，最も重要なことは，当該通達が法令の内容に合致しているか否
かを明らかにすることである。通達の文言をいかに文理解釈したとしても，
その通達が法令の内容に合致しないとなれば，通達の文理解釈に従った取扱
いであることを理由としてその取扱いを適法と認めることはできない。」

　（最高裁令和 2 年 3 月24日第三小法廷判決・金融・商事判例1602号10頁）

（過少申告加算税）

第65条 期限内申告書（還付請求申告書を含む。第3項において同じ。）が提出された場合（期限後申告書が提出された場合において，次条第1項ただし書又は第7項の規定の適用があるときを含む。）において，修正申告書の提出又は更正があつたときは，当該納税者に対し，その修正申告又は更正に基づき第35条第2項（期限後申告等による納付）の規定により納付すべき税額に**100分の10の割合**（修正申告書の提出が，その申告に係る国税についての調査があつたことにより当該国税について更正があるべきことを予知してされたものでないときは，100分の5の割合）を乗じて計算した金額に相当する 過少申告加算税 を課する。

　しかし，過少な申告をしたことについて「**正当な理由**」（やむを得ない事由）があった場合には，例外的に，この過少申告加算税は賦課されません。国税通則法65条4項1号に，次のように書かれているからです。

4 　次の各号に掲げる場合には，第1項又は第2項に規定する納付すべき税額から当該各号に定める税額として政令で定めるところにより計算した金額を控除して，これらの項の規定を適用する。

一　第1項又は第2項に規定する納付すべき税額の計算の基礎となつた事実のうちにその修正申告又は更正前の税額（還付金の額に相当する税額を含む。）の計算の基礎とされていなかつたことについて正当な理由があると認められるものがある場合　その正当な理由があると認められる事実に基づく税額

（以下，略）

　この「正当な理由」があるかについては，法律の条文としては，それ以

上のことが書かれていませんから，あとは判例（最高裁判決があります）の**判断枠組み（基準）**にそって個々に判断するほかありません。

　この点については，以下の最高裁判決が「基準」を示しています。

　　「国税通則法65条 4 項は，修正申告書の提出又は更正に基づき納付すべき税額に対して課される過少申告加算税につき，その納付すべき税額の計算の基礎となった事実のうちにその修正申告又は更正前の税額の計算の基礎とされていなかったことについて正当な理由があると認められるものがある場合には，その事実に対応する部分についてはこれを課さないこととしているが，過少申告加算税の上記の趣旨に照らせば，同項にいう「正当な理由があると認められる」場合とは，**真に納税者の責めに帰することのできない客観的な事情**があり，上記のような過少申告加算税の趣旨に照らしても，なお，納税者に過少申告加算税を賦課することが**不当又は酷になる場合**をいうものと解するのが相当である。」

　　　　　　　　（最高裁平成18年 4 月20日第一小法廷判決・民集60巻 4 号1611頁）

　しかし，この判例の基準をみても抽象的である点は否めません。「真に納税者の責めに帰することのできない客観的事情」や「不当又は酷といえる場合」が，具体的にどんな場合であるかは，わからないからです。

　といっても，そもそも判断の基準が抽象的になるのは当然のことです。どの法律でも，判例をみれば，基準は同じように抽象的です。基準は万人に等しく適用されるものなので，一般論で示す必要があるからです。

　ただ，この点についても，税務行政として画一処理をするためには，より具体的な基準があるほうが税務職員は動きやすいのです。そこで，次頁の**「事務運営指針」**（「加算税通達」と呼ばれることもあります）があって，どのような場合に「正当な理由」が認められるかが書かれています。

　なお，「事務運営指針」には，たとえば，平成23年12月に改正された国

税通則法に基づく調査（**税務調査**）の手続についても，「調査手続の実施に当たっての基本的な考え方について（事務運営指針）」があります（調査通達，手続通達と呼ばれています）。

また，以下の事務運営指針（いわゆる加算税通達）も有名です。

申告所得税及び復興特別所得税の過少申告加算税及び無申告加算税の取扱いについて（事務運営指針）

（略）

第1　過少申告加算税の取扱い

（過少申告の場合における正当な理由があると認められる事実）

1　通則法第65条の規定の適用に当たり，例えば，納税者の責めに帰すべき事由のない次のような事実は，同条第4項第1号に規定する**正当な理由があると認められる事実として取り扱う**。

（1）　税法の解釈に関し，申告書提出後新たに法令解釈が明確化されたため，その法令解釈と納税者の解釈とが異なることとなった場合において，その納税者の解釈について相当の理由があると認められること。

　（注）　税法の不知若しくは誤解又は事実誤認に基づくものはこれに当たらない。

（2）　略

（3）　確定申告の納税相談等において，納税者から十分な資料の提出等があったにもかかわらず，**税務職員等が納税者に対して誤った指導を行い**，納税者がその指導に従ったことにより過少申告となった場合で，かつ，納税者がその指導を信じたことについてやむを得ないと認められる事情があること。

わかりやすいのは（3）です。「税務職員等」から「誤った指導」が行われた場合，いわゆる「誤指導」の場合です。たとえば，税務署に申告内

容について相談をした納税者がいた場合，その**税務相談**に応じた税務職員が誤った回答（指導）を行ったがために，過少な申告を行ってしまい，後に追徴課税をされたとします。この場合，更正処分と過少申告加算税の賦課決定処分を受けるのが原則です。しかし，この事務運営指針によれば，上記（3）を満たす「誤指導」といえれば，「正当な理由」（国税通則法65条4項1号）があると認め，過少申告加算税の賦課決定処分はしない，といっているのです。

　といっても，これらの規定は，事務運営指針であり，「法律」ではありませんから（法令ではありませんから），あくまで検討すべきは，法律である国税通則法65条4項1号の「正当な理由」ということになります。しかし，どのような場合にあたるかについて，法律は何もいっていませんから，参考にはなりますね。

　以上，法令ではない「通達」と「事務運営指針」の話をしました。課税実務（税務行政）は，これらで動いています。

　しかし，法律のフィルターでみるべき「租税法」という学問においては，これらの規定は「下位規範」として，完全に下にみるべきものです。

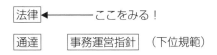

　わたしたちが「租税法」を学習するに際して，じっくり読むべきなのは，この意味からも「通達」や「事務運営指針」ではなく，「法律」である「所得税法」や「法人税法」です。

3 課税と徴収

　租税法の学習のほとんどは「課税」の場面です。租税実体法がメインであり，そのなかでも「課税要件」が中心になるというお話はしておきました。

　ここで注意しなければならないのは，次に述べるような「実体法と手続法」の区別という問題ではなく，それとは別に租税法には根本的に「課税」と「徴収」という問題がある，ということです。

　なぜこのように両者を切り離して強調したのかというと，「課税」の場面のなかにも**実体法**と**手続法**の両方の側面があるからです。

　具体的には，下の図のとおりです。課税要件を定めた法律としての「実体法」（**租税実体法**）があり，その課税要件を確定させる手続を定めた法律として「手続法」（**租税手続法**）があります。

　いずれも，課税の場面を定めた法律になっている，ということです。

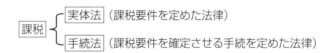

　つまり，「課税」と「徴収」は，両者を「実体法」と「手続法」というかたちで，きれいに切り分けられる問題ではないのです。

課税と徴収は，国家（あるいは地方団体）の租税債権が問題になっているため，このような用語を使います。これを「民間の問題」として考えれば，民法にいう「**請求権の発生**」と，その「**（債権）回収**」という問題とパラレルにみることができます。

（民　法）	請求権の発生 （要件事実の充足）	請求権（債権）の回収 （強制執行など）
（租税法）	租税債権の発生 （課税要件の充足）	租税債権の徴収 （公売など）

「**課税**」は，課税要件を満たすことで納税義務が生じるかどうか，課税する側からいえば，租税債権が発生するかどうかを検討する場面です。

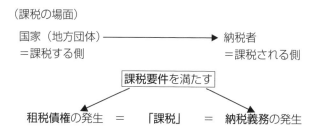

このように，租税法律関係を「課税要件」を通じた債権債務の関係でみる考え方を「**租税債務関係説**」といいます（そうではなく，特殊な権力による支配関係とみる考え方は「**租税権力関係説**」といいます）。「課税要

件」を満たして，租税債権（納税義務）が発生している場合でも，その税額を納税者が納めない場合に，国家（地方団体）が，どのように，その納税者から納税を求めていくか，という手段の部分が「**徴収**」ということになります。

　これを手続の面でみると，課税要件を満たしているかどうかを判定する場面は，権利が発生しているかどうかを判断してもらう「民事訴訟」の場面といえます。この点については「**民事訴訟法**」があります。

　これに対して，権利が発生しているとしても，相手が支払わない場合に，どのようにその権利の回収を行っていくかは「民事執行」の場面といえます。事前の策としての保全手続も考えると「民事保全」の場面でもあります。この点については，「**民事執行法**」と「**民事保全法**」があります。

　民事訴訟法は，大学3年生になれば法学部でも授業があると思います。しかし，民事執行法や民事保全法までは，学部ではやらないことも多いと思います。わたし自身，旧司法試験では出題されませんでしたので，民事執行法と民事保全法を学んだのは，司法修習生になってからでした（司法研修所で教わりました）。

　いまは「法科大学院」で，民事執行法と民事保全法は習うことが多いようです。いずれにしても，法学部生にとっては先の議論ですし，法科大学院生だとしても，細かい応用部分です。

　租税法でも，細かい議論であり，ほとんど取り上げられることはない部分ですが，法律としては「**国税徴収法**」という規定があります。地方税の場合，これとほぼ同様の規定が「地方税法」のなかに規定されています。

いずれにしても，あらかじめ納税者（債務者。納税義務者）の財産を保全する手続（**保全手続**）と，強制的に債権回収を図るための手続（**執行手続**）の２つが「徴収」にはある，ということです。

　そして，租税法では，両者をあわせて「国税徴収法」に規定されている，ということになります（地方税では両者をあわせて「地方税法」に規定されています）。

　保全というのは，差押えです。**執行**というのは，競売（公売）です。このようなイメージができれば，本書では，もうそれで十分です（説明をすると，保全は債権が行使できるように債務者の財産をおさえておくこと，執行は債権を裁判所を通じて強制的に行使すること，です）。「徴収」は，租税法という科目のなかでは触れられることすらないことが多い部分だからです。

　なお，金子先生の『租税法〔第24版〕』では，「第３編　租税手続法」のなかにある「第３章　租税徴収手続（１）　納付と徴収」，「第４章　租税徴収手続（２）　滞納処分」の部分が，この「徴収」のパートにあたります。

```
┌─────────────────────────────────────────────────┐
│  第1編　租税法序説                                 │
│  第2編　租税実体法                                 │
│ ┌───────────────┐                                 │
│ │第3編　租税手続法│                                │
│ └───────────────┘                                 │
│   第1章　序説                                      │
│   第2章　租税確定手続                              │
│   第3章　┌租税徴収手続（1）┐─納付と徴収 ⎫        │
│          └───────────────┘            ⎬⇐ ここが   │
│   第4章　┌租税徴収手続（2）┐─滞納処分  ⎭  徴収！  │
│          └───────────────┘                        │
│   第4編　租税争訟法                                │
│   第5編　租税処罰法                                │
└─────────────────────────────────────────────────┘
```

　この2つ（上図の租税徴収手続（1）（2））は，金子先生の本では，1006頁から1092頁まであります。約85頁のボリュームです。これは，全体で約1,250頁あるうちの，約7％です。ごくわずかですね。

　とはいえ，7％，つまり1割弱はあるわけです。実務では，滞納が問題になることは多いため，ある程度の記述が必要になるからです。

　でも「租税法」の学習という意味では，司法試験では出題されることがほとんどありませんし，学部や法科大学院の租税法でも，問われることは少ないです。

　<u>「徴収」は，課税要件を満たす場合，つまり「課税」が発生し，確定している場合の問題です。</u>租税法の学習は，くりかえしになりますが，「課税」できるかどうか，という租税実体法がメインになるからです。

　次のパートでは，こうした（租税）実体法と（租税）手続法の区別を，あらためて整理したいと思います。

4 課税要件（実体法）と課税手続（手続法）

　これまでお話してきたなかで，租税法には「実体法」と「手続法」があるということに触れてきました。

　さきほど徴収の話をしたときには，「課税」と「徴収」という分類は，「実体法」と「手続法」という分類にはならない，といいました。なぜかというと，「課税」にも「実体法」と「手続法」があるからでした（110頁）。

　これに対して「徴収法」は「手続法」です。徴収は，あくまで，実体法によって課税が確定したあとの話だからです。

　「課税」をできるかどうかは，実体法が定める「課税要件」を充足するかどうかの検討になります。所得税であれば所得税法，法人税であれば法人税法，相続税であれば相続税法に，それぞれの「課税要件」が定められています。これらは，いずれも「実体法」です。金子租税法の本の目次でいうと，「租税実体法」にあたるものです。

課税要件を定めた「実体法」（租税実体法）
例）　所得税法，法人税法，相続税法など

　こうした課税要件の充足があるかどうかは，第一次的には，納税者の自主的な申告で決めることになります。これを「**申告納税制度**」といいます（申告納税制度については，第5章2で詳しくお話をします）。

　もっとも，自主的な申告だけに任せてしまうと，低く申告をしたり，税金を免れようとする納税者がでてくる可能性があります。また，課税要件

の充足は「租税法」の適用の問題で，法的な検討が必要になりますから，納税者が法律どおりに正確に申告できないこともあり得ます。

　そこで，第二次的に，税務署・国税局が，**「税務調査」**（行政調査）を行います。そして，過少な申告がある場合や，無申告がある場合，源泉徴収漏れがある場合（**源泉徴収**については，あとでお話をしますが，会社員の給与から支払いの際に天引きされるのが，源泉徴収の典型です。給与の支払いをする会社（法人）に徴収納付義務が生じます），更正処分，決定処分，納税告知処分などを行うことで，課税庁が税額を確定させるのです。

　この確定のための手続（税務調査から更正処分等まで）について定めたのが**「国税通則法」**です。

　いまのお話（税の確定）を整理すると，シンプルにまとめれば，次のようになります。

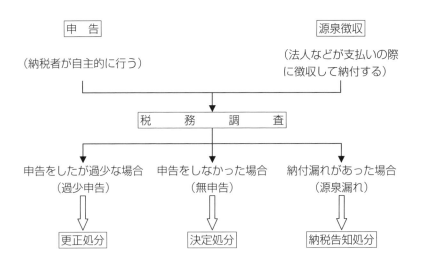

　この税を確定させる手続については，国税通則法に規定があります。納税義務の成立や納付すべき税額の確定については，同法15条に規定があります。**納税申告**については，同法17条から22条に規定があります。<u>税務調</u>

査については，同法74条の２以下に「第７章の２　国税の調査」という規定があります。平成23年に大きく改正された部分で，①国税職員が任意調査として行える「**質問検査権**」（同法74条の２～６），②調査を開始するまえに原則として行うべき「**事前通知**」（同法74条の９），③例外的に事前通知をしなくても調査ができる場合（**無予告調査**。同法74条の10），④調査終了の際に国税職員がなすべきこと（**調査終了の際の手続**。同法74条の11）などの規定があります。実務では重要ですが，調査の手続の規定があるのだと知っておけば，入門レベルでは十分です。

　税額を確定させる税務署長（国税局長）等の行政処分である「**更正処分**」は同法24条に，「**決定処分**」は同法25条に規定があります（課税処分）。また，法的性質は「徴収処分」ですが，更正や決定と同様に，税務調査を経てあとから追徴として行われるものとして，「**納税告知処分**」があります。これは，同法36条に規定があります。

　これらの部分については，国税通則法は，実体法が定める課税要件を充足しているかを確定する手続（**課税の場面**）を定めていることになります（納税義務の成立・確定）。

　これに対して，税額が確定したあとに，それでも納税者が税金を納めない場合に行われるのが「**徴収の場面**」です。徴収の場面では，課税はすでに確定していますので，実体法はありません。徴収をすすめるための手続法があるだけです。これが「国税徴収法」でした（ただし，上記の納税告知のように，国税通則法にも，徴収の規定が一部入ってはいます）。

| 国税通則法 | （手続法） | 課税の場面 | （税額の確定） |
| 国税徴収法 | （手続法） | 徴収の場面 | （確定した税額の徴収） |

税の仕組みと全体の位置づけを理解するためには，こうした流れもひととおりは，ざっとでいいですので，知っておくことが大切です。

　しかし「租税法」の学習は，くりかえしになりますが，メインは「実体法」であり，課税の場面です。なかでも「所得税法」がメインです。法人税法は，それ（所得税法）に付随する限度で学ぶのが，一般的です（司法試験の範囲）。

　租税法は，実務としてみると，たしかに膨大な法令等が存在しています。しかし，「租税法」という法律科目では，学ぶべき範囲が限定されている，ということです。ざっくりいってしまえば，所得税法を勉強すればよいということです。

　そして所得税法がわかったあとに，法人税法も少し勉強すればよいのです。それだけで，司法試験の租税法（選択科目）ですら，十分なのです。

　イメージと違って，租税法は，ずいぶんと「範囲」が狭いですよね！

　そして，さらに学びたい人は，相続税法，消費税法，地方税法と，応用として進んでいけばよいのです。

5 本法と措置法

　租税法の全体像をみて，勉強する「租税法」は範囲が狭いようだけど，実際にはずいぶんとボリュームがある法体系なのだな，と思われたかもしれません。

　じつは，まだ隠していたことがあります。それは，租税法は，法律レベルでみても，さらにボリュームのある「別の法律」が存在しているのです。

　これを「本法」に対して「措置法」といいます。驚かないように最初にいっておきますと，「租税法」の学習は，司法試験でも「措置法」は範囲外になっています（試験用六法にも掲載されていません）。

　ですから「租税法」を勉強するにあたっては，これからお話する「措置法」についてはないものと考えてよいことになります。しかし，現実の実務はどうかというと，「本法」ではこうなっていても，特別法である「措置法」でこのように規定されているため，本法どおりではありません，ということが多々あります。

　措置法は，いわゆる「政策税制」です。ときの経済状況などによって，政府の政策判断で，本法（原則）とは異なる修正を特例として施していくのが，その意味です（税負担を軽くする**優遇措置**と，税負担を重くする**重課措置**の2つがあります）。もちろん国会を通して法律の改正で対応します。憲法はこれまで改正されたことがありませんし，民法も大きな改正はそう多くはありません。刑法も（細かな刑罰の改正はありますが，大きな改正は）現代語化が平成7年にあったくらいです。

　このように法律の改正は，あまり法学部・法科大学院で学ぶ基本的な法

律科目ではありません。しかし，租税法では，じつは毎年たくさんの改正がされています。改正されているのは，本法の場合もありますが，多くは措置法です。

　令和4年度税制改正という言葉があります。毎年度税制は改正されているのです。『改正税法のすべて』（大蔵財務協会）という電話帳のような分厚い本が毎年発売されています。「令和○年版」というように，です。この本は，その年にあった改正部分だけが書かれた解説書で，税の実務にたずさわる人が重宝している立法経緯の解説書です。

　ちなみに『改正税法のすべて〔令和3年版〕』は，なんと1,109頁もあります。金子先生の『租税法〔第24版〕』よりも分厚いということです。わずか1年にあった改正部分だけで，です。

　租税法が難しい，複雑だというイメージがあるのは，こういう部分があるからです。いままで「租税法」は範囲が狭いといってきましたが，それは法律科目として学習する部分が，極めて狭いという意味です。

　しかし，現実に存在している租税に関する法律（いわゆる税法）は，毎年大量にある改正（主として措置法の改正）でまわっています。税理士の先生が勉強し続けなければならず，ミス（事故）が起きてしまうのも，こうした複雑な税制が原因なのです。

　「租税法」の学習（司法試験の範囲）からは除外されていますが，たとえば，法人税の場合には「租税特別措置法」という法律で，国際課税について，さまざまな特例措置が規定されています。

　代表的なのが，①「タックス・ヘイブン対策税制」（外国関係会社等合算税制，CFC税制）と，②「移転価格税制」です。

　①タックス・ヘイブン対策税制は，法人に対する税金が低いスイスやシンガポール，香港などの軽課税国（タックス・ヘイブン国）に，日本の会社の外国関係会社（「特定外国関係会社」または「対象外国関係会社」として，要件が定められています）をつくった場合，その外国関係会社がそ

の国で得た所得を，日本の会社の所得に合算して法人税を計算するという
ものです。これは例外的な措置として，租税回避を防止するために，昭和
53年につくられた規定です。租税特別措置法40条の4以下，同法66条の6
以下に規定があります。典型例はペーパー・カンパニーですが，そうでな
くても，措置法が経済合理性がある類型として定めている「適用除外基準
（経済活動基準）」（①事業基準，②実体基準，③管理支配基準，④所在地
国基準または非関連者基準）を満たさない場合には，この合算税制が適用
されるため，裁判になる例も多いです。

　たとえば，デンソー事件では，当時の適用除外要件の事業基準該当性が
争点となりました。シンガポールの子会社の東南アジア諸国での事業活動
を調整する地域統括事業の重要性から，単なる株式の保有業とは異なると
したデンソーの主張が，最高裁で認められました（最高裁平成29年10月24
日第三小法廷判決・民集71巻8号1522頁）。

　もう1つの②移転価格税制は，外国の子会社などの関連会社との取引に
おいて，その販売価格などを税の観点からみて，安く取引をしていると判
断された場合に，通常の価格で取引したものとみなし，その差額につい
て，日本の親会社の所得があったものとして課税する制度です。こうした
独立当事者ではない国外関連者との取引では，通常設定される価格（独立
企業間価格）とは異なる価格（低い対価）で行われる傾向があるからで
す。これも，日本での税逃れを防止するための特例措置で，昭和61年に導
入されたものです。租税特別措置法66条の4に規定があります。

　移転価格税制も，裁判で争われることが多いです。特に最近は大企業に
対して巨額な追徴課税が行われ，税務訴訟が起きるケースが増えていま
す。たとえば，ホンダがブラジル子会社との取引について移転価格税制で
追徴課税され，裁判でホンダ側が全面勝訴した事案がありました（東京地
裁平成26年8月28日判決・税務訴訟資料264号順号12520）。判決で取り消
された税額は約75億円でした。

①タックス・ヘイブン対策税制も，②移転価格税制も，ともに**「国際課税」**と呼ばれている，1つの租税法の分野に属します。

　「国際課税」は，1つの科目として成立するくらい，議論が多いです。外国との関係が問題になるため，国際色が強く，**「租税条約」**（二重課税などを防止するために国家間で合意される税の条約）の適用が問題になることもあります。ある意味，ダイナミックでおもしろい分野です。興味のある人は「租税法」を学んだあとに（学んでいる途中でもよいですが），さらに「国際課税」もどんどん勉強されるとよいと思います。

　なんだか難しそうだと思われた方も，安心してください。くりかえしになりますが，租税特別措置法（措置法）は，司法試験の範囲から除外されています。法律科目としての「租税法」を学ぶにあたっては，本法を学ぶことがメインなのです。

　なお，措置法は国際課税だけを規定しているわけではありません。日本国内の法人税についても，さまざまな「政策税制」（特例措置）を規定しています。その多くは期間を区切った減税措置です。法人税は「政策税制」が多く，新聞でも話題になることが多いです。たとえば，交際費等が法人の所得を算定するにあたり「損金」に算入されない（会社の規模により損金不算入額は異なります）ことなどを定めた規定などがあります（租税特別措置法61条の4）。このあたりに興味がある方は，「租税法」に向いているといえます。

　でも，そこまでピンとこない方でも，大丈夫です。法律科目としての「租税法」は，本法がメインです。毎年の頻繁な改正（政策税制）に影響されない「骨」の部分を，じっくり学ぶことが大事だからです。

第4章

租税法の基本はこの5つ
(課税要件の基本を学ぶ)

1 納税義務者
2 課税物件
3 課税物件の帰属
4 課税標準
5 税　率

1 納税義務者

　さて，この章では「租税法」の学習で重要になる「課税要件」の中身を，１つひとつみていきたいと思います。

　租税法律主義（憲法84条）のもとでは，「課税要件」と「手続」は法律で明確に定めなければならないのでしたよね。このうち「法律で」の部分を「課税要件法定主義」といい，「明確に」の部分を「課税要件明確主義」というのでした。

　そこで次に問題になるのは，＜では「課税要件」とは何をいうか＞です。文字どおり，課税をするための要件ということです。より具体的にいうと，課税する側（国，地方団体）からいえば，「租税債権の成立要件」といえます。課税される側（納税者）からいえば，「納税義務の成立要件」ということになります。ここまでは復習ですね。

　もうひとつ，復習です。このような「課税要件」は，大きく分けると５つの要素から成っているのでした。順番に，①納税義務者，②課税物件，③課税物件の帰属，④課税標準，⑤税率でしたね（53頁）。

　この５つの「課税要件」の要素について，具体的にみていくのがこの章です。

　まずは，①納税義務者です。納税義務者は，言葉がわかりやすいので，なんとなくイメージはわくと思います。

　「だれが，税金を納める義務を負うのか」という人の問題だろうな，というくらいの感覚がもてれば十分です。だれが，という問題は，③の課税物件の帰属とあわせて「人的帰属」の問題ということもできます。この点については，＜所得税法の思考プロセス＞をお話したときにもみました。

さて，納税義務者が「課税要件」である，ということは，どういうこと
でしょうか。それは，法律をみれば，だれが納税義務者であるかが，明確
に書かれている，ということです。課税要件法定主義，課税要件明確主義
を裏返せば，そうなりますね。

たとえば，所得税法をみてみると，たしかにあります。「第2章　納税
義務」の最初にある条文をみると，タイトルに「(納税義務者)」と書いて
あります。

所得税法5条です。少し長めの条文なので，基本的な部分に限定して，
引用すると，次のとおりです。

（納税義務者）

第5条　居住者は，この法律により，所得税を納める義務がある。

2　非居住者は，次に掲げる場合には，この法律により，所得税を納める
　義務がある。

　一　第161条第1項（国内源泉所得）に規定する国内源泉所得（次号に
　　おいて「国内源泉所得」という。）を有するとき（同号に掲げる場合
　　を除く。）。

　二　その引受けを行う法人課税信託の信託財産に帰せられる内国法人課
　　税所得（略）の支払を国内において受けるとき又は当該信託財産に帰
　　せられる外国法人課税所得（略）の支払を受けるとき。

（以下，省略）

条文では「所得税を納める義務」とあります。これが「納税義務」のこ
とです。そして，だれが「所得税を納める義務」（納税義務）を負うのか
というと，「居住者」と「非居住者」であることがわかります（所得税法
5条1項，2項柱書き。3項，4項には法人の規定もありますが，細かい
例外なので省略します）。

ただし，「非居住者」については，「次に掲げる場合には」と限定がついています。細かい部分は，いまは読まなくてよいです。「非居住者」は限定的な納税義務を負うのだな，とわかれば問題ありません（**制限納税義務者**）。逆にいうと，「居住者」には限定がありませんので，無制限の納税義務を負いそうだな，というふうに思えます。

　この点をさらに明らかにしている条文があります。それが所得税法7条です。7条をみると，次のように「(課税所得の範囲)」というタイトルで，さらに居住者を「非永住者以外の居住者」と「非永住者」に分けて，納税義務の範囲を定めています。

(課税所得の範囲)

第7条　所得税は，次の各号に掲げる者の区分に応じ当該各号に定める所得について課する。

　一　非永住者以外の居住者　全ての所得

　二　非永住者　第95条第1項（外国税額控除）に規定する国外源泉所得（国外にある有価証券の譲渡により生ずる所得として政令で定めるものを含む。以下この号において「国外源泉所得」という。）以外の所得及び国外源泉所得で国内において支払われ，又は国外から送金されたもの

　三　非居住者　第164条第1項各号（非居住者に対する課税の方法）に掲げる非居住者の区分に応じそれぞれ同項各号及び同条第2項各号に定める国内源泉所得

（以下，省略）

　ここで大事なことは，1号の「非永住者以外の居住者」は，「全ての所得」について納税義務を負う，とされている点です。このことは「全世界所得課税」ともいわれます。外国で支払いを受けた所得であっても，「非

永住者以外の居住者」は，日本で所得税を納める義務がある，ということです（**無制限納税義務者**）。

ただし，外国でも所得税を納めている場合には，二重課税を防止するため，「**外国税額控除**」があって，日本の所得税を計算するときに，その点は調整されることになります（所得税法95条）。これは，「税額控除」のひとつです（74頁参照）。

「居住者」「非永住者」「非居住者」という言葉がでてきましたが，これらについては，所得税法2条1項をみると，定義をした規定があります。

所得税法2条は，さまざまな用語（概念）の「**定義**」を定めています（**定義規定**）。その都度，用語の意味を確認するために引くことが重要です。

（定義）

第2条 この法律において，次の各号に掲げる用語の意義は，当該各号に定めるところによる。

（略）

三 居住者 国内に住所を有し，又は現在まで引き続いて1年以上居所を有する個人をいう。

四 非永住者 居住者のうち，日本の国籍を有しておらず，かつ，過去10年以内において国内に住所又は居所を有していた期間の合計が5年以下である個人をいう。

五 非居住者 居住者以外の個人をいう。

（以下，省略）

この条文をあわせて読むと，居住者，つまり「国内に住所を有し，又は現在まで引き続いて1年以上居所を有する個人」で（所得税法2条1項3号），非永住者，つまり「居住者のうち，日本の国籍を有しておらず，かつ，過去10年以内において国内に住所又は居所を有していた期間の合計が

5年以下である個人」（同法2条1項4号）以外の者は，全世界で得た所得について，無制限に，所得税の納税義務を負うことがわかります（同法5条1項，7条1項1号）。

　このあたりの所得税の納税義務者の規定をみていくと，国外の話もでてきて面倒そうだなと思われたかもしれません。しかし「租税法」の学習としては，こうした「国際課税」（120～122頁参照）の領域は，「国際課税」に譲るのが通常で，つっこんだ学習はしません。

　このような規定があるんだな，ということがわかれば十分です。

　所得税の納税義務者について，重要なのは**「徴収納付義務者」**です。これは，まえにも少しお話をしましたが，源泉徴収がある場合です。

　たとえば，会社が従業員に給料を支払う場合，その会社は支払う給料から所定の税額（所得税法185条）を天引きして支払いをし，その天引きした税額については，翌月の10日までに所轄の税務署に納める義務を負います（所得税法183条1項）。これが，源泉徴収の典型例です。

　条文もみておきましょう。

（源泉徴収義務）

第183条　居住者に対し国内において第28条第1項（給与所得）に規定する給与等（以下この章において「給与等」という。）の支払をする者は，その**支払の際**，その給与等について**所得税を徴収し**，その徴収の日の属する月の翌月10日までに，**これを国に納付しなければならない。**

　源泉徴収において，実質的な税負担をしているのは，支払を受ける側（上の例でいえば従業員）です。しかし，支払を受ける側（支給者）に支払いをするまえに会社が「天引き」，つまり「徴収」を行い，それを所轄の税務署に納める，つまり「納付」しなければいけません。

　このような所得税を**「源泉所得税」**といい，源泉所得税を徴収して納め

る義務のことを、一般に「徴収納付義務」といいます。

　所得税法の原則は、その所得を得た個人が自ら確定申告をして、計算した所得税を納めることになっています（**申告納税制度**）。しかし現実には、会社員（公務員なども含む）のほとんどは、会社が源泉徴収をして代わりに所得税を納めてくれますから、自分で申告をすることがないのです（2か所から給与をもらったり、2,000万円超の給与収入があると確定申告が必要になりますが（所得税法121条1項参照）、多くの会社員等はこれにはあたりません）。

　日本人の税に対する意識が低いのは、このように、原則である「申告納税制度」が適用される場面が、事業者など例外的な場合になっていて、実際には会社員等多くの人が源泉徴収で納税を終えているからだ、といわれることがあります。

　源泉徴収は、単純に支払の際にその一定割合を、支給者（会社など）が代わって徴収して、税務署に納付してくれるわけです。しかしそれだけだと、まえにお話をした「基礎控除」「配偶者控除」「社会保険料控除」などの「所得控除」（73〜74頁参照）はされていません。

　個人事業主の場合は、これらも含めて、毎年3月15日（原則）までに確定申告をします。これに対して、会社員等の場合には、源泉徴収をしてくれる会社等が「**年末調整**」といって、こうした各種控除も、必要書類を提出すれば代わりに行ってくれるのです（所得税法190条）。

　以上は、所得税の納税義務者でした。所得税の場合には、国際課税の問題がでない限りは単純です。所得を得た個人が、基本的に全世界で得た所得について、納税義務を負います。

　また、源泉徴収義務が定められた支払については、支払いの際に、支給者において、一定割合の徴収を行い、税務署に納める義務を負います。

　これに対して、法人税の場合には、納税義務者の規定が、対象となる団

体によって，異なる扱いになっています。

　ここでは細かい部分の解説はしませんが，法人税法4条をみると，「第
2章　納税義務者」という標題のもとで，以下の規定があります。

第4条　内国法人は，この法律により，法人税を納める義務がある。ただ
し，公益法人等又は人格のない社団等については，収益事業を行う場
合，法人課税信託の引受けを行う場合又は第84条第1項（退職年金等積
立金の額の計算）に規定する退職年金業務等を行う場合に限る。
2　公共法人は，前項の規定にかかわらず，法人税を納める義務がない。
3　外国法人は，第138条第1項（国内源泉所得）に規定する国内源泉所
得を有するとき（人格のない社団等にあつては，当該国内源泉所得で収
益事業から生ずるものを有するときに限る。），法人課税信託の引受けを
行うとき又は第145条の3（外国法人に係る退職年金等積立金の額の計
算）に規定する退職年金業務等を行うときは，この法律により，法人税
を納める義務がある。
（以下，省略）

　これをみると，**内国法人**（「国内に本店又は主たる事務所を有する法
人」のことです（法人税法2条3号））については，無制限に「法人税を
納める義務」があることがわかります（同法4条1項本文）。

　これに対して，**外国法人**（「内国法人以外の法人」のこと（同法2条4
号））の場合は，国内源泉所得といって，国内に所得発生の源泉があると
される場合に限って，日本の法人税の納税義務を負うことがわかります
（同法4条3項）。

　また，地方公共団体，NHKなどの**「公共法人」**（同法2条5号）は，法
人税を納める義務は負わないとされています（同法4条2項）。そして，宗
教法人や学校法人などの**「公益法人等」**（同法2条6号）は，原則として

法人税の納税義務は負わず，「**収益事業を行う場合**」に限り，その限度で，法人税の納税義務を負うこともわかります（法人税法4条1項ただし書）。

　よく宗教法人や学校法人は「非課税」なので「税金を支払っていない」といわれますが，収益事業にあたるものについては，法人税の納税義務を負っています。ただし，それが収益事業にあたらなければ，原則として法人税の納税義務を負いませんから，「非課税だ」というのは間違いではありません。

　この点は，PTAなどの「**人格のない社団等**」も同じです（法人税法4条1項）。ただし，「人格のない社団」は，民法でいう「権利能力なき社団」のことです。つまり，団体としての性格が強いとされるものの，法人格がないため，独立して権利義務の帰属主体にはなれない団体です。

　しかし，法人税法では，3条で「人格のない社団等」の規定を特別に設けて，法人とみなして，法人税の納税義務を負わせるとしています。

（人格のない社団等に対するこの法律の適用）

第3条　人格のない社団等は，法人とみなして，この法律（第75条の4（電子情報処理組織による申告）及び別表第2を除く。）の規定を適用する。

　さらに定義規定をみると，「法人でない社団又は財団で代表者又は管理人の定めがあるもの」であることが必要です（法人税法2条8号）。

　この規定があるので，いまみた4条とあわせて読むことで，「人格のない社団等」も，収益事業に限って，法人税の納税義務を負うことがわかるのです。

　このように「納税義務者」の問題は，課税要件法定主義の要請がありますから，所得税法，法人税法といった各種の税法のなかに，必ず，明確な規定がされています。

これは論点というより，条文を読めば明確になるものがほとんどです。そして，論点ではないため「租税法」の試験で，直接問われることは少ない部分でもあります。

　条文を読み正確な理解をするためには，少し腰を据えて勉強する必要はありますが，外国関連になると「国際課税」の問題領域になることもあり（120〜122頁参照），学習の重要度は低い部分でもあります。

　いずれにしても，雰囲気を味わっていただければ，本書では十分です。

2 課税物件

　課税を受ける主体，つまり，納税義務を負う主体の問題が「納税義務者」でした。これは「主体」ですから，「人」の問題でした。「だれが納税義務を負うのか？」という問題なので，「だれに対して？」ともいえます。

　これに対して，課税される「客体」のことを**「課税物件」**といいます。客体ですから「物」の問題ですね。つまり，「何に対して？」という問題になります。

　わかりやすく整理すると，次のようになります。

$$\left\{ \begin{array}{l} \text{だれに対して？（課税されるのか）　主体（人）　\boxed{納税義務者}} \\ \text{何に対して？　　（課税されるのか）　客体（物）　\boxed{課税物件}} \end{array} \right.$$

　人の問題が「納税義務者」で，物の問題が「課税物件」だと考えるとわかりやすいです。言葉としても，納税義務者には「者」（人）があり，課税物件には「物」が入っていますよね。

　課税物件は，言葉が聞きなれないので，最初は何だろう？　と思われると思いますが，言葉を覚えてしまえば，むずかしくありません。

　たとえば，所得税の場合，課税物件は「個人の所得」です。これに対して，法人税の場合，課税物件は「法人の所得」です。いずれも「所得」に対する課税ですが，個人が得た所得の場合は「所得税」の対象になり，法人が得た所得の場合は「法人税」の対象になるのでした。

　これを整理すると，次のようになります。

（税目）	（法律）	（課税物件）
所得税	所得税法	個人の所得
法人税	法人税法	法人の所得

「税目(ぜいもく)」というのは，税の名称のことです。地方税法をみたときに「別に税目を起こして」課税するのが「法定外税」だという説明をしましたね（42頁）。

　念のため，条文で確認をしておくと，所得税法の場合は，すでにみた2条1項3号，5条1項，7条1項1号をあわせて読むと（125〜127頁参照），個人の所得に対する課税であることがわかります。2条1項3号をみると「居住者」の定義として「個人」という文言があり，こうした「個人」である「居住者」のうち，非永住者以外の者が得た「全ての所得」に対する課税が，所得税であると書かれているからです（同法5条1項，7条1項1号）。

　また，法人税については，法人税法5条をみると，次のように「内国法人」に対して「各事業年度の所得に対する」課税をするのが，「法人税」であることがわかります。

（内国法人の課税所得の範囲）

第5条　内国法人に対しては，各事業年度の所得について，各事業年度の所得に対する法人税を課する。

　課税物件のことは「課税客体」ということもあります。言葉として説明する際には「課税の対象」ということもあります。

　金子先生の『租税法〔第24版〕』によれば，「課税物件とは，課税の対象

とされる物・行為または事実のこと」だと書かれています（同書178頁）。

　この課税物件は，法律によって呼び名が変わることがあります。

　たとえば，消費税の場合は，「課税の対象」と規定されています（消費税法4条）。条文をみると，次のように4条のタイトルに「（課税の対象）」と書かれています。

> **（課税の対象）**
> **第4条**　国内において事業者が行つた資産の譲渡等（略）及び特定仕入れ
> 　（略）には，この法律により，消費税を課する。
> （以下，省略）

　また，地方税の場合は，「課税客体」と規定されています（地方税法3条1項）。条文をみると，次のように3条のなかに「課税客体」という言葉があります。

> **（地方税の賦課徴収に関する規定の形式）**
> **第3条**　地方団体は，その地方税の税目，**課税客体**，課税標準，税率その
> 　他賦課徴収について定をするには，当該地方団体の条例によらなければ
> 　ならない。

　課税物件は，言葉の意味に慣れて，自然に「課税物件」という言葉をつかえるようになれば，それで十分です。要するに，課税の客体だな，課税の対象だな，物だな，ということです。

　なお，課税物件は，次の次にやる「課税標準」（139〜148頁）とセットでおさえることも重要です。なぜかというと，課税物件を，税額を計算するために「数値化」したものが「課税標準」だからです。

3 課税物件の帰属

　いまみた「課税物件」（課税客体）が，だれに帰属するかという問題が生じる場合もあります。

　所得税の場合には**「所得の人的帰属」**といわれることもある問題ですが，このようなことが問題になるのは，課税物件が帰属する主体が，だれであるかが不明確な場合もあるからです。

　この点について，金子租税法では，次のように説明されています。いままで本書を読んできたあなたであれば，以下の説明も，なるほどと理解できるはずです。

　　「納税義務は，課税物件がある者に帰属することによって成立し，課税物件の帰属した者が納税義務者となる。この課税物件と納税義務者との結びつきを，課税物件の帰属（略）という。」
　　　　　　　　　　（金子宏『租税法〔第24版〕』〔弘文堂，2021年〕180頁）

　これを図にすると，次のようなイメージです。

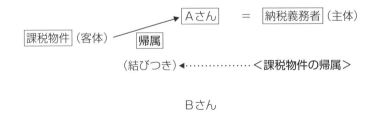

では，具体的には，どのようなときに「課税物件の帰属」が問題になるのでしょうか。

　あなたがアルバイトをした会社から給料をもらった場合，その給料という「収入」から算定される「所得」（課税客体）が，あなたに帰属することには，全く問題がありません。ですから，通常は，このように，「課税物件の帰属」は問題にならないままに過ぎるのです。

　しかし，問題になる場合があります。たとえば，会社に勤めている旦那さんの所有している農地を耕して得た所得が奥さんにある場合，その農業による所得は，旦那さんの所得になるのか，奥さんの所得になるのか，といった問題が起きることがあります。

　また，名義人（外形上の所有者）と，実体（真実の所有者）が異なる場合にも，どちらの所得として帰属すべきかが問題になります。

　この点については，すでにお話をしたとおり，所得税法でも，法人税法でも「実質所得者課税の原則」を定めた条文があります（所得税法12条，法人税法11条）。条文は79頁をみてください。

　この「実質所得者課税の原則」は，文字どおり，形式（外形）と実質（内実）が異なる場合は，実質（内実）にしたがって，課税すべきだという考え方です。

　この点について，課税物件の法律上の帰属について，形式（登記簿上の名義人）と実質（真の権利者）が異なる場合に，実質で帰属を判定すべきだと考えるアプローチを「法律的帰属説」といいます。「法律上の」というのは，所有権の場合であれば，「民法の」といいかえることができます。

　これに対して，課税物件の法律上（民法上）の帰属と，経済上の帰属が異なっている場合に，経済上の帰属にしたがって帰属を判定すべきだと捉えるアプローチもあります。これを「経済的帰属説」といいます。

　深入りしませんが，「法律的帰属説」が通説的な考え方です。経済上の帰属より，法律上の帰属の方が明確だからです。

〈法律的帰属説〉

　　　　　法律上の帰属┬─ 形式（登記簿上の名義人）
　　　　　　　　　　　└─ **実質（真の権利者）**

〈経済的帰属説〉

　　　　　法律上の帰属┬─ 形式（登記簿上の名義人）
　　　　　　　　↕　　 └─ 実質（真の権利者）

　　　経済上の帰属

　少し学説の話に入りましたが，「課税物件の人的帰属」は，通常は問題にならず，例外的にだれに帰属するかが微妙な場合に「論点」として登場することがある，ということがわかれば十分です。

4 課税標準

　課税標準という言葉は，租税法を学び始めている人でも，なじみにくい言葉だと思います。逆に，この言葉をマスターしてしまえば，「租税法を勉強しています」といえる，自信がわいてくるような言葉だと思います。

　課税標準というのは，どの税でも，必ず登場する概念で，課税要件のひとつです。これまでも何度か登場しましたので，その際にも簡単に説明をしました。確認しておきましょう。「課税物件を，税額計算をするために数値化したもの」が，課税標準です。

　課税物件（課税客体）も，課税標準も，ともに，課税の対象であるという点では同じです。しかし，課税物件が，所得税法の場合は「個人の所得」であり，法人税法の場合は「法人の所得」というように，抽象的であるのに対し，課税標準は，計算方法を取り入れて具体的な数字が求められるものになります。

　そして，理論的には，課税標準に「税率」をかければ「税額」が算定できることになります。この点から，課税標準とは，課税物件を数値化したもので，税率を適用することで税額が算定できるもの，と説明されるのが一般です。

　この点，金子租税法でも，『租税法〔第24版〕』のなかで，次のように説明をされています。

　　「課税物件たる物・行為または事実から税額を算出するためには，その物・行為または事実を金額・価額・数量等で表わすことが必要である。これらの金額・価額・数量等を課税標準（略）という。課税物件を

金額化・数量化し，<u>それに……税率を適用することによって税額が算出</u>
<u>されるのである</u>。たとえば，所得税や法人税においては，課税物件は所
得であり，課税標準は所得金額である。」

（同書187頁。下線及び傍点は筆者が記載）

　金子租税法の説明のなかでも触れられている，所得税と法人税につい
て，課税物件と課税標準をみてみましょう。その説明はシンプルですが，
以下では，条文をみながら，もう少し掘り下げてみたいと思います。
　まず，<u>所得税における課税物件は「個人の所得」</u>でした。より正確にい
えば，<u>その年分において，当該個人（納税者）が得た所得です</u>。
　そして，その所得については，所得税法21条1項で，詳細な計算方法が
定められています。この点については，73～74頁で少しお話をしました。
「課税標準」については，同法22条に規定されています。
　所得税法22条1項によれば，次のとおり，居住者に対して課す「所得税
の課税標準」は，「総所得金額」「退職所得金額」「山林所得金額」です。
以下，少し長いですが，条文を引用します。

（課税標準）

第22条　居住者に対して課する所得税の 課税標準 は，**総所得金額，退職所**
　　得金額及び**山林所得金額**とする。

2　 総所得金額 は，次節（各種所得の金額の計算）の規定により計算した
　　次に掲げる金額の合計額（第70条第1項若しくは第2項（純損失の繰越
　　控除）又は第71条第1項（雑損失の繰越控除）の規定の適用がある場合
　　には，その適用後の金額）とする。
　一　利子所得の金額，配当所得の金額，不動産所得の金額，事業所得の
　　　金額，給与所得の金額，譲渡所得の金額（第33条第3項第1号（譲渡
　　　所得の金額の計算）に掲げる所得に係る部分の金額に限る。）及び雑所

得の金額（これらの金額につき第69条（損益通算）の規定の適用があ
　　る場合には，その適用後の金額）の合計額
　二　譲渡所得の金額（第33条第３項第２号に掲げる所得に係る部分の金
　　額に限る。）及び一時所得の金額（これらの金額につき第69条の規定
　　の適用がある場合には，その適用後の金額）の合計額の２分の１に相
　　当する金額
3　退職所得金額又は山林所得金額は，それぞれ次節の規定により計算
　した退職所得の金額又は山林所得の金額（これらの金額につき第69条か
　ら第71条までの規定の適用がある場合には，その適用後の金額）とする。
（以下，省略）

　長い条文でクラクラしてきたかもしれません。これらの条文も計算の方
法を理解すればそれほどむずかしくはありません。大事なことは，所得税
の課税標準が，「総所得金額」と「退職所得金額」と「山林所得金額」の
３つになっている，という点です。
　所得税法では，包括的に所得をとらえて，原因を問わず「所得」として
認識します。そのため，非課税所得にあたらない限りは，課税されるので
したね。そうです。「包括的所得概念」です。しかし他方で，その所得を
得た原因や性質によって所得は10種類に分けられていました（所得区分，
所得分類）。それぞれの所得の種類ごとに，計算方法も変えられている，
というお話もしました。
　ここに登場する後の２つ（「退職所得金額」と「山林所得金額」）は，例
外的に，他の所得から分離されて計算がされるものです。そこで，この２
つの所得については「分離課税」といわれます。
　これに対して，残りの８個の所得を合計したものが「総所得金額」で
す。包括的所得概念からすれば，所得に色は問わず，括って（まとめて）
考えるわけです。本来は「総所得金額」として，すべてまとめて計算する

のが，筋でしょう。しかし，所得税法は，例外的に，退職所得と山林所得については，まとめないで（分けて）「分離課税」にしているのです。

　分離課税になると，他にある所得と合算されずに，その所得だけ分離されて累進税率（149〜152頁参照）が適用されるため，税額が低く抑えられる効果があります。

　退職所得には，「老後の生活保障」などの観点から，税額を低くする政策的な目的があります（そもそも，退職金が労務の対価の一括後払の性質をもつ点への考慮もあります）。また，山林所得は，山林を育成することで得られる所得という点で「長期的な視点」が必要な所得です。そこで，税の計算方法も，他の所得と異ならせています。こうした特殊性があるからです。

　そうではない8種類の所得（利子所得，配当所得，不動産所得，事業所得，給与所得，譲渡所得，一時所得，雑所得）については，まとめてひとつにして所得を計算します。これを「総合課税」といいます。

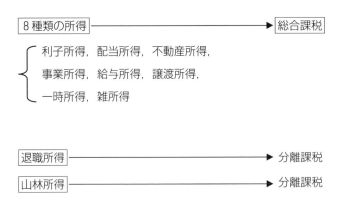

　くりかえしになりますが，包括的所得概念からすると，分離課税ではなく，総合課税になるのが筋（原則）です。しかし，上記の理由から，所得税法は2つの所得については，例外的に分離課税にしているのです。

　もっとも，以上の原則と例外については，あくまで，所得税法（本法）が定める原則と例外です。実際には措置法によって，本法の特例として，分離課税とされているものが上記の他にもあります。

　こうした「原則」と「例外」というロジック（論理的な思考）が，租税法の学習では，重要になります。

　なぜかというと，ロジックがわかっていれば，基本概念から理解ができるようになるからです。基本概念から原則を理解し，これは例外だととらえることができれば，租税法の学習はむずかしくありません。しかし，こうしたロジックがわかっていないと，すべて個別（バラバラ）に覚えなければならなくなってしまい，租税法がとてもむずかしい科目になってしまいます。

　計算の部分も，少しだけみておきましょう。所得税法21条1項1号をみると，次のように，まずは「収入−必要経費」といった個別の所得分類ごとの計算をすべきことが規定されています。

（所得税額の計算の順序）

第21条　居住者に対して課する所得税の額は，次に定める順序により計算する。

　一　次章第2節（各種所得の金額の計算）の規定により，その所得を利子所得，配当所得，不動産所得，事業所得，給与所得，退職所得，山林所得，譲渡所得，一時所得又は雑所得に区分し，これらの所得ごとに所得の金額を計算する。

「次章第2節…の規定により…これらの所得ごとに所得の金額を計算す

る」という部分から読み取れます。すでにお話をしたとおり，10種類の所得ごとに，計算方法がありましたね（72〜73頁）。

　次に，所得税法21条1項2号をみましょう。これらの所得の金額によって計算された金額を基礎として，所得税法22条などに規定されている「損益通算」や「損失の繰越控除」をする。それで「総所得金額」と「退職所得金額」と「山林所得金額」を計算する，と書かれています。

　二　前号の所得の金額を基礎として，次条及び次章第3節（損益通算及び損失の繰越控除）の規定により同条に規定する 総所得金額 ， 退職所得金額 及び 山林所得金額 を計算する。

　これで，お話をした所得税法22条1項につながりました。この「総所得金額」「退職所得金額」「山林所得金額」が「課税標準」であるということは，これらの金額に「税率」をかければ（適用すれば），所得税額が算定されるはずです。課税標準は，お話したように，「税率を適用することで税額が算定できるもの」だからです。しかし，そうはなっていません。

　どういうことかというと，所得税法21条1項3号をみると，さらにこれらの「総所得金額」「退職所得金額」「山林所得金額」から，基礎控除などの「所得控除」をすると書かれているのです。所得控除については，すでにお話をしました（配偶者控除，医療費控除などがありましたよね。73〜74頁，129頁参照）。

　三　次章第4節（所得控除）の規定により前号の**総所得金額，退職所得金額又は山林所得金額**から基礎控除その他の控除をして第89条第2項（税率）に規定する 課税総所得金額 ， 課税退職所得金額 又は 課税山林所得金額 を計算する。

所得税法21条1項4号をみると、こうして所得控除をしたあとの金額を「課税総所得金額」「課税退職所得金額」「課税山林所得金額」として、それに「税率」をかけて「所得税の額」を計算する、と書かれています。

> 四　前号の**課税総所得金額、課税退職所得金額**又は**課税山林所得金額**を基礎として、第3章第1節（税率）の規定により　所得税の額　を計算する。

　このように、所得税法の「課税標準」は、条文上は「総所得金額」「退職所得金額」「山林所得金額」とされています。しかし、理論的な意味での（税率を適用することで所得税額が計算できる、という本来的な意味での）「課税標準」は、所得控除後の「課税総所得金額」「課税退職所得金額」「課税山林所得金額」である、と説明されることがあります。

　佐藤英明教授の『スタンダード所得税法〔第2版補正2版〕』（弘文堂、2020年）は、法科大学院の学生（租税法選択者）に定評のあるわかりやすいテキストですが、この本のなかで佐藤教授は、次のように説明されています。

> 　「さらに、そうやって得られた結果から課税対象としない部分をさらに差し引きます（所得控除）。この残額が所得税の**理論的な意味での課税標準**です。この課税標準の金額に税率を適用して所得税額を計算するわけです。」
>
> 　　　　　　　（同45頁。下線、強調文字、傍点は筆者が記載）

　以上は、所得税の課税標準でした。これに対して、法人税の場合、課税物件は「法人の所得」です。そして、その課税標準は「各事業年度の所得の金額」です。法人税法21条に、次のように規定されています。

> **（各事業年度の所得に対する法人税の課税標準）**
> **第21条**　内国法人に対して課する各事業年度の所得に対する<u>法人税の課税標準</u>は，**各事業年度の所得の金額**とする。

　そして，この「各事業年度の所得の金額」の計算については，法人税法22条1項があります。

　同法22条1項をみると，次のとおり，当該事業年度の「益金の額」から，当該事業年度の「損金の額」を控除した金額である，つまり<u>「益金 −損金」</u>が「各事業年度の所得の金額」であると規定されています。

> **第2款　各事業年度の所得の金額の計算の通則**
> **第22条**　内国法人の<u>各事業年度の所得の金額</u>は，当該事業年度の<u>益金の額</u>から当該事業年度の<u>損金の額</u>を**控除**した金額とする。
> （以下，省略）

　所得税・法人税については，「課税標準」の具体的な計算のなかで，さまざまな論点・判例があります。そして，それを学ぶのが「租税法」の学習といえます。それくらい，その計算プロセスの道のりのなかで，課税庁と納税者の主張がぶつかりあい，不服申立てや訴訟になることがあります。

　相続税や固定資産税では，**「時価」**が課税標準とされています（相続税法22条，地方税法349条，349条の2。**時価主義**）。

　相続税法の条文は，本書ではほとんどみませんが，相続税を勉強するときには重要になる条文です。相続税法22条をみてみましょう（ちなみに，<u>法人税法でも，たまたまですが同じ22条が重要</u>です）。

> **（評価の原則）**
> **第22条**　この章で特別の定めのあるものを除くほか，相続，遺贈又は贈与
> により取得した財産の価額は，**当該財産の取得の時における** $\boxed{時価}$ によ
> り，当該財産の価額から控除すべき債務の金額は，その時の現況による。

　地方税法も，本書ではほとんど扱いませんが，固定資産税は，実務では
よく問題になります。固定資産税の，課税客体（課税物件）と，課税標準
の規定をみてみましょう。
　地方税法342条1項が，「課税客体」（課税物件）の規定です。

> **（固定資産税の課税客体等）**
> **第342条**　固定資産税は，固定資産に対し，当該固定資産所在の市町村に
> 　おいて課する。
> （以下，省略）

　次に，同法349条1項が，「課税標準」の規定です。

> **（土地又は家屋に対して課する固定資産税の課税標準）**
> **第349条**　基準年度に係る賦課期日に所在する土地又は家屋（以下「基準
> 　年度の土地又は家屋」という。）に対して課する基準年度の固定資産税
> 　の課税標準は，当該土地又は家屋の基準年度に係る賦課期日における価
> 　格（以下「基準年度の価格」という。）で土地課税台帳若しくは土地補
> 　充課税台帳（以下「土地課税台帳等」という。）又は家屋課税台帳若し
> 　くは家屋補充課税台帳（以下「家屋課税台帳等」という。）に登録され
> 　たものとする。
> （以下，省略）

このように，地方税も相続税も，課税標準が時価とされているため，時価をいくらと考えるかをめぐり，争いが起きることがあります。地方税も相続税も，所得税や法人税と同じように，「課税標準」の認定について，課税庁と納税者で争いになることがあるのです。

　もっとも，たとえば，登録免許税や印紙税のように，課税標準が外見上明白なものもあります。

　課税標準については，このあたりで終えましょう。いずれにしても「租税法」で学習するのは，所得税と法人税の課税標準です。

　そして，課税標準という形式的なことではなく，その認定をめぐる個々の諸問題について，「論点」というかたちで学習することになります。

5 税　率

　課税要件の最後に登場するのは「税率」です。一般の人たちが税金の話をするときは、「税率」が話題になることが多いですよね。

　たとえば、消費税の税率は、地方消費税も含めて、3％（平成元年4月1日）→5％（平成9年4月1日）→8％（平成26年4月1日）→10％（令和元年10月1日。ただし、軽減税率8％あり）とアップしてきました。一般に消費税というと、税率が議論になりますね。

　法人税では、実効税率という用語も使われます。実効税率というのは、税額の合計額の課税標準全体に占める割合です（平均税率ともいいます）。法人税の場合、法人が通常負担することになる税金として、法人税のほか、「地方法人税」、「法人事業税」、「法人住民税」、「特別法人事業税」がありますが、その全体の税率を指したものです。「企業の活性化こそが、日本の景気浮上の鍵だ」と考え、法人税の実効税率を下げようという議論が、いまの日本では強くなっています。

　これも「税率」のことが話題になっている、ということですね。

　本書で何度もみてきた所得税についても、税率はくりかえし改正されてきました。

　ただし、税率を上げる、下げるといっても、消費税や法人税の場合は、税率が一定している（同じ）ため、「5％か8％か」といった議論ができるのですが、所得税の場合にはそうはいきません。所得税法では、所得の額によって税率が変わる仕組みがとられているからです。

　このように、所得の額などの課税標準によって変わる税率を「差率税率」といいます。差率税率には、課税標準に応じて高くなる「累進税率」

と，逆に低くなる「逆進税率」があります。日本の現行所得税のように，所得が高くなるにつれ，その段階（法律が定めた金額）ごとに適用する税率が高くなるものを「超過累進税率」といいます。累進税率でも，段階による差ではなく，人による差を設ける税率を「単純累進税率」といいます。

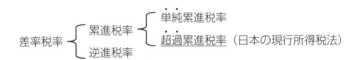

　誤解されることがありますが，日本の所得税は「単純累進税率」ではありません。どういうことでしょうか。具体的に，確認しておきましょう。

　たとえば，現行の所得税法で規定されている「税率表」をみると（89条1項。152頁を参照），所得が195万円以下の金額については5％の税率が適用され，195万円を超え330万円以下の金額になると10％の税率が適用されることになっています（所得税法89条1項）。

　しかし，よくある誤解は，ここで195万円を超えると，その納税者の所得にかけられる全体の税率が10％に上がる，というものです（これが「単純累進税率」です）。そうではありません。あくまで，195万円までは5％で，195万円を超え330万円以下の金額については10％の税率になるのです（これが「超過累進税率」です）。

（単純累進税率）	（超過累進税率）
300万円の所得	300万円の所得
300万円×10％＝30万円	195万円×5％＝9万7,500円 105万円×10％＝10万5,000円 合計：20万2,500円
所得税：30万円	所得税：20万2,500円

この具体例をみればわかると思いますが，単純累進税率は，所得が上がると，低い所得の部分についてまで税率が高くなりますから，不公平な課税になります（この点で，明治時代（1887年）に創設された当初の日本の所得税は，プロイセンの「階級税及び階層別所得税」にならい，人ごとに税率が異なる単純累進税率でした）。そのため，累進税率といえば，公平性が求められる現代では，超過累進税率になるのが世界の趨勢です。なお，逆進税率は，理論的には考えられますが，所得の高い人の税率が低いことは，一般に承認され難いため，採用されることはありません。ただし，消費税などで，実際の税負担率の問題として，**逆進性**が問われることはあります。

　以上の累進税率に対して，消費税や法人税のように，税率が一定しているものを「**比例税率**」といいます。所得が上がれば上がるほど税率が高くなる，ということではなく，所得がいくらであっても（課税標準がいくらであっても），税率は同じということです。

　これをまとめると，以下のようになります。

　なお，消費税と異なり，法人税の場合は，法人の種類によって，適用される税率が変わる部分がありますが，これは累進税率とは違いますから，法人税の税率が比例税率であることに，変わりはありません。

　条文もみておきましょう。まず，所得税です。所得税法は89条1項で，以下のような税率表が規定されています。

（税率）

第89条 居住者に対して課する所得税の額は，その年分の課税総所得金額
又は課税退職所得金額をそれぞれ次の表の上欄に掲げる金額に区分して
それぞれの金額に同表の下欄に掲げる税率を乗じて計算した金額を合計
した金額と，その年分の課税山林所得金額の5分の1に相当する金額を
同表の上欄に掲げる金額に区分してそれぞれの金額に同表の下欄に掲げ
る税率を乗じて計算した金額を合計した金額に5を乗じて計算した金額
との合計額とする。

195万円以下の金額	100分の5
195万円を超え330万円以下の金額	100分の10
330万円を超え695万円以下の金額	100分の20
695万円を超え900万円以下の金額	100分の23
900万円を超え1,800万円以下の金額	100分の33
1,800万円を超え4,000万円以下の金額	100分の40
4,000万円を超える金額	100分の45

（以下，省略）

　超過累進税率では，上記のように課税の対象となる金額（課税総所得金
額）により，異なる税率が適用されます。この部分ごとの税率部分を「**限
界税率**」（**段階税率**）といいます。

　消費税についても，みておきましょう。数字はみなさん知っていると思
いますが，条文には次のように書かれています（消費税法29条）。

（税率）

第29条 消費税の税率は，100分の7.8とする。

　あれ？　と思われたかもしれません。おそらく，消費税の税率は，一般

常識として「10%だ」と思われているからでしょう。

　実際には，10%の内訳は，国税としての消費税が7.8%で，地方税としての地方消費税が2.2%なのです。なお，「酒類・外食を除く飲食料品」と「定期購読契約が締結された週2回以上発行される新聞」には，6.24%（地方消費税と合計して8%）の「軽減税率」が適用されます。そのため，（地方消費税と合計した）原則の10%の税率は「標準税率」と呼ばれます。

　地方消費税については，地方税ですので，地方税法に規定があります。地方税のことは，実体部分も，手続部分も，どの税目でも，すべて「地方税法」に規定されています。

　国税と異なり，ある意味，どの法律に書かれているかを考える必要はありません。有無をいわさず，地方税のことは「地方税法」なのです。

$$
地方税法 \left\{ \begin{array}{l} 実体法 \\ 手続法 \end{array} \right.
$$

　その地方税法の規定をみてみましょう。地方消費税の税率の規定ですので，ここは実体法の部分であり，課税要件を定めた箇所になります。

> **（地方消費税の税率）**
> **第72条の83**　地方消費税の税率は，78分の22とする。

　わかりにくいですが，消費税（国税）の税率7.8%に上記$\frac{22}{78}$をかけると，2.2%になります。なお，軽減税率の場合は，消費税率6.24%＋地方消費税率1.76%（消費税額の$\frac{22}{78}$）になります。

　最後に法人税についても，みておきましょう。法人税の税率は，法人税法66条に規定されています。

次のとおり，法人によって，税率が異なるのが法人税の特徴ですが，すでにお話をしたとおり，「比例税率」であることには変わりありません。

（各事業年度の所得に対する法人税の税率）

第66条　内国法人である普通法人，一般社団法人等（別表第2に掲げる一般社団法人及び一般財団法人並びに公益社団法人及び公益財団法人をいう。次項及び第3項において同じ。）又は人格のない社団等に対して課する各事業年度の所得に対する法人税の額は，各事業年度の所得の金額に 100分の23・2の税率 ※ を乗じて計算した金額とする。

2　前項の場合において，普通法人（通算法人を除く。）のうち各事業年度終了の時において資本金の額若しくは出資金の額が1億円以下であるもの若しくは資本若しくは出資を有しないもの，一般社団法人等又は人格のない社団等の各事業年度の所得の金額のうち年800万円以下の金額については，同項の規定にかかわらず， 100分の19の税率 による。

3　公益法人等（一般社団法人等を除く。）又は協同組合等に対して課する各事業年度の所得に対する法人税の額は，各事業年度の所得の金額に 100分の19の税率 を乗じて計算した金額とする。

（以下，省略）

この法人税法66条2項で規定されている資本金等が1億円以下の中小法人の年800万円以下の部分に対する税率については，通常の23.2％より低い19％という税率が適用されるため，**「軽減税率」**と呼ばれます。

租税特別措置法では，さらにさまざまな軽減税率が定められています（詳細は，国税庁HP「法人税の税率」参照）。じつにさまざまな，「税率」がありますね。

このように，比例税率といっても，軽減税率が導入されることもあり，単純ではない場合があります。その場合，原則的な税率を「基本税率」ま

たは「標準税率」といいます。

```
          ┌ 基本税率（標準税率）…原則
比例税率 ┤
          └ 軽減税率………………例外
```

　また，地方税の場合，条例で各種の地方税は制定されることになりますが，おおもとの枠（基準）は「枠法」である地方税法に規定されているといいました（42頁）。

　地方税法には，具体的な税率については地方団体に委ねるものの，標準的な税率を地方税法で定めている場合があります。この場合，この標準となる税率のことを「標準税率」といいます。

　たとえば，次のように，地方税法51条１項をみると，法人の道府県民税（法人住民税）の法人税割（法人税に対応して決められる部分のことを意味します）について，１％を標準税率とし，地方団体で標準税率を超える税率を設定する場合でも，２％を超えることはできないと定めている規定があります。

（法人税割の税率）

第51条　法人税割の**標準税率**は，100分の１とする。ただし，標準税率を超える税率で課する場合においても，100分の２を超えることができない。

（以下，省略）

　地方税は，あくまで「**法律の範囲内**」で定められる（憲法94条）とされていることが，こうした規定に反映しています。

　ほかにも，地方税法には，同法の定める税率によることが求められる「**一定税率**」や，標準税率を超えて定める場合の限界ラインとしての「**制**

限税率」もあります。

地方税の税率 $\Bigg\{$ 一定税率…全ての地方団体が同じ税率

標準税率…制限税率の範囲内で地方団体が定める税率の標準（原則）

第5章

租税法にはどのような概念
（基本原則）があるのか？

1 租税法律主義

　ここまでで，本書でお伝えしようとしていた内容の8割は，終わりです。ここまで読みこなすことができたあなたは，もう十分に，租税法の世界に足を踏み入れることができたといえます。

　本書は，通常の租税法入門とはまったく異なる構成をとることで，徐々に，租税法の世界になじんでいくことを目的にしたものでした。

　この第5章でお話をする概念（基本原則）の説明は，通常であれば，最初のほうに説明すべきことなのです。しかし，あえて，概念の説明から入らずに，そしてじつは，これまでにすでに概念の説明もしてきた，という説明方法をとりました。

　ですから，第5章は，スピードをあげて，短く，淡々と解説が進んでいきます。それは，すでにここまでの解説のなかでお話をしてきたことが多いからです。

　「あ，あのへんで読んだことだな」と思ったことがあれば，そこに戻って読み返すのもよいですし，まずは，そのまま読み進めるのでもよいです。読み進めた場合は，最後まで読んでから，もう1度最初から読み直してみると，大きな力がつくことを実感できるはずです。

　いずれにしても，第5章は，ここまで読み進めることができたあなたには，すらすら読めるはずです。自信をもって読み進めてください。

　さて，最初に説明する租税法の基本概念（最も重要な概念です）は，なんといっても「租税法律主義」です。租税法律主義は，憲法に規定がありました。

　本書でも何度か説明をしましたので，だいたいイメージはつかめている

でしょう。復習になりますが，<u>租税法律主義は，憲法84条に規定されている「民主主義の大原則」</u>です。

もう１度，条文をみておきましょう。憲法84条です。

> **第84条**　あらたに租税を課し，又は現行の租税を変更するには，法律又は法律の定める条件によることを必要とする。

租税法は**侵害規範**で，国民の財産権を制約するものです。そこで，恣意的な課税がされないよう「法律」という民主主義の根拠を求めるのが，租税法律主義です。これにより，課税される側である納税者には「**課税に対する予測可能性**」を保障することになり，「**法的安定性**」も確保されることになります。

その具体的内容は，金子先生の分類によれば，基本は以下の４つでした（６頁，48頁参照）。

> ①　課税要件法定主義
> ②　課税要件明確主義
> ③　合法性の原則
> ④　手続的保障原則

このうち，①課税要件法定主義，②課税要件明確主義については，すでに説明をしました。④の手続的保障原則についても，課税と徴収，救済の場面において，公正な法律上の手続によるべきというもので，それ以上につっこんだ解説をすべき点はありません。

ここでは，これまで詳細には触れていなかった，③「合法性の原則」をお話しておきたいと思います。ネーミングがわかりにくいですが，法律に

適合するかたちで課税はなされるべき，というのが合法性の原則です。

　これは要するに，すべての納税者に対して，ひとしく法律（租税法）どおりの課税をしなさい，というもの。行政庁に対する命題です。特定の納税者に対して「税金を安くする（まける）」ことは許されない，ということです。

　そのため，税務訴訟（租税訴訟）では，原則として和解が許されないと解されています。特定の納税者についてのみ法律より安い税金にすることを認めてしまうと，他の納税者との間の公平を害するからです。

　その意味で，憲法14条の要請と解されている「租税公平主義」（平等主義）とも関連するのが，合法性の原則です。

　このように平等（公平）との関係が強い「合法性の原則」があるため，たとえば，税務職員が誤った指導を納税者にした場合でも，誤指導を理由に課税処分を違法として取り消すことはできないと考えられています。

　民法で勉強する「信義則」（民法１条２項）が，明文にない租税法でも適用されるか，という論点があります。これは，行政法にも，租税法にも登場します。

　結論からいうと，平等（公平）の要請があるため，「特別の事情」がない限り，信義則は適用できないと考えるのが裁判所の考えです（最高裁昭和62年10月30日第三小法廷判決・訟務月報34巻４号853頁）。

　具体的には「公的見解の表示」があることなどが「特別の事情」といえるための前提になるとされています。そのため，たとえば，税務職員の誤指導は，一職員個人のミス（誤った説明）に過ぎませんので，「公的見解の表示」ではないとして，信義則の適用は否定されてしまいます。

　この論点については，現実の納税者の救済を考えると，問題があるとわたしは考えています。しかし，最高裁判決の判例変更がないかぎりは，とても厳しいハードルになっているといわざるを得ません。

　加算税については，106〜109頁でもみたように，「正当な理由」が認め

られれば，救済が認められますが，それで十分かという問題があります。

　しかし，本来納付すべき税額（法律どおりの税金）という理解に立つと，やはり平等（公平），合法性の原則，ということで，本税についての納税者の救済は困難となります。

　なお，159頁の①〜④に加え，租税法律主義の具体的な内容として，「遡及立法の禁止」が挙げられることもあります（さらに「納税者の権利保護」も挙げられます。6頁参照）。

　しかし，納税者に不利益に改正法を改正前の行為に遡って課税してはならないことは「立法の原則」から，一般論としては当然なのですが，最高裁は，この点について，租税法律主義には「課税関係における法的安定が保たれるべき趣旨」が含まれるという理解をしています（最高裁平成23年9月22日第一小法廷判決・民集65巻6号2756頁）。

　また，「応能負担の原則」という考え方もあります。公平（**租税公平主義・平等主義**）の観点（憲法14条）から，税負担の能力に応じた課税がなされるべきなのは当然です。しかし，他方で，地方税では，応能（**応能課税**）ではなく，行政サービス（利益）を受ける対価としての応益に着目したものもあります（**応益課税**）。

　似ていてわかりにくいかもしれませんが，「応能」は，税負担の能力に応じる，「応益」は，行政から受ける利益（サービス）に応じる，という意味です。所得のない赤字法人は，法人税の納税義務がないのに（応能課税），法人事業税や法人住民税（地方税）の納税義務がある（応益課税）のは，このためです。

2 申告納税制度と賦課課税制度

　源泉徴収義務のお話をしたときに，原則は「**申告納税制度**」だというお話をしました（115頁，129頁）。

　税金の確定・徴収の方法としては，日本の所得税，法人税，消費税，相続税のように，まずは納税者に自主的な申告をしてもらうことを原則とする「申告納税制度」があります。

　他方で，「**賦課課税制度**」といって，納税者の自主的な申告ではなく，課税庁（税務署長，国税局長など）が，納税者の税額を確定する方式もあります。

　日本では，上記のとおり，所得税，法人税，消費税，相続税については，第一次的には，原則として，納税者が申告期限までに，申告書を提出して税額を確定させる仕組みをとっています（申告納税制度）。

　しかし，納税者の自主的な申告にも誤りがあることがあるため，第二次的に，税務調査を経て，納税者の申告内容に誤りがある（あるいは申告書の提出すらない）場合に，課税庁（税務署長，国税局長など）が，更正等の処分をすることで，税額を確定（修正）するというお話をしました（115〜116頁）。

　したがって，原則として，所得税では，申告納税制度が採られているものの，会社員などのビジネスマン（勤め先がある人）の場合，勤務先が給与の支払いをするときに源泉徴収義務を負うことになります。

　そのため，あらかじめ，会社が給与を支払うときに，源泉所得税を天引きして税務署に納めてくれるので，確定申告をしなくても，税金を納めることができるのです（さらに，年末調整で，各種控除なども会社が行って

くれるため，2,000万円超の給与収入がある人や，2か所で給与をもらっている人などの例外を除き，確定申告をしなくても，所得税を納めることができるのでした（129頁参照））。

いわば，所得税法の原則（申告納税制度）と例外（源泉徴収制度）は，実際には逆転しているということです。

確定申告を毎年しているのは，個人事業主です。個人事業主は，あなたのまわりにどれくらいいるでしょうか。

お父さん，お母さん，お友達のお父さん，お友達のお母さんなどをみていただいても，事業をされている方のほうが少数だと思います。

事業をされている方は，税理士の先生とおつきあいもある人が多く，税金について感度が高いです。

これに対して，給与所得者（日本の多くのビジネスマン）は，会社が納税をしてくれるので，税金に対する感度は低いです。このあたりは，収入から控除できる経費の問題ともからんできます。

日本の所得税法では，事業所得の場合には，必要経費を控除できますが，給与所得の場合は法律が定めた「**給与所得控除額**」を控除できるのみであるのが原則です。例外的に，給与所得者でも必要経費の控除が例外的に認められる「**特定支出控除**」という制度もあります（所得税法57条の2）。しかし認められるための要件が厳しく，これまではほとんど使われてきませんでした。ただし，平成24年改正で要件が緩和され，利用者が増えました（平成30年改正で，対象範囲がさらに拡大されました）。現在では，給与所得控除額の2分の1を超える支出があればよく，資格取得費など対象もさまざまあります。

なお，申告納税制度が原則ですが，賦課課税制度になっている場合もありますので，この点もお話しましょう。たとえば，すでにお話をした加算税については，いずれも「賦課決定」が税務署長等からされます。固定資産税も申告をするものではなく，賦課課税です。

申告納税制度と賦課課税制度については，このあたりで終えたいと思います，最後に歴史的な経緯からお話をすると，申告納税制度が原則になったのは，戦後の改革で，自分の税金は自分で計算して申告するという申告納税制度が「民主主義」に沿うと考えられたからです。

　現実には源泉徴収制度が広がっていますから，裁判でも，源泉徴収義務があるかが争われる裁判があとをたちません。

　そもそも，源泉徴収制度は合憲かという裁判もあったくらいです（最高裁昭和37年2月28日大法廷判決・刑集16巻2号212頁）。

　他人が負担すべき税金をなぜ源泉徴収義務者が納税しなければならないのか，といった観点から，財産権（憲法29条1項）や平等原則（憲法14条1項）侵害等が争われました。

　しかし，最高裁は，支払者と受給者の間に「特に密接な関係」（特別密接関係）があることなどを理由に立法政策としては合理性があるとして，源泉徴収制度は合憲であると判断しています。

　なお，「修正申告」という言葉を聞いたことがあるかもしれません。これは，いったん行った申告を，納税者が後から，税額を増額させる修正を行うことです。更正処分と異なり，自主的なものですが，税務調査で，税務署等から，求められることが，実務上は多く，これを「修正申告の勧奨」といいます（国税通則法74の11第3項）。

3 権利確定主義

　<所得税法の思考プロセス>をお話したときに「いつ課税されるのか」という問題があるといいました。

　「所得の年度帰属」と呼ばれる問題ですが，収入と経費に分けて考えると，収入をいつの年分に計上すべきか，という問題なので，「収入の年度帰属」と呼ばれることもあります。

　この点について，判例・通説は，現金などの現実の収入（キャッシュ）を得たとき（現金主義）ではなく，「収入すべき金額」が発生したとき（発生主義）を基準に考えているというお話をしました。さらに，発生主義のなかでも，法的な権利の発生が確定したときを基準にする，という意味で「権利確定主義」が採られているといいました（69頁）。

　この「権利確定主義」は，所得税法の「収入（所得）の年度帰属」だけでなく，法人税法の「益金の算入時期（年度帰属）」においても妥当すると考えるのが，判例・通説です。

　所得税法では，最高裁昭和49年判決があります。同判決は，次のように判示しています。

　　「旧所得税法は，一暦年を単位としてその期間ごとに課税所得を計算し，課税を行うこととしている。そして，同法10条（現行所得税法36条）が，右期間中の総収入金額又は収入金額の計算について，「収入すべき金額による」と定め，「収入した金額による」としていないことから考えると，同法は，現実の収入がなくても，その収入の原因たる権利が確定的に発生した場合には，その時点で所得の実現があつたものとして，右権利発生の時期の属する

年度の課税所得を計算するという建前（いわゆる権利確定主義）を採用しているものと解される。」

（最高裁昭和49年3月8日第二小法廷判決・民集28巻2号186頁）

当時の条文（旧所得税法10条）は，現行の条文（所得税法36条）と条文番号は違いますが，基本的に同じ規定であり，現行法のもとでもそのまま妥当すると，後の判例でも判示されています。

<u>法人税法でも，最高裁平成5年判決があり，次のように「権利確定主義」で「収益」，つまり「益金」の計上時期を確定すべきことが判示されています。</u>

「法人税法上，内国法人の各事業年度の所得の金額の計算上当該事業年度の益金の額に算入すべき金額は，別段の定めがあるものを除き，資本等取引以外の取引に係る収益の額とするものとされ（22条2項），当該事業年度の収益の額は，一般に公正妥当と認められる会計処理の基準に従って計算すべきものとされている（同条4項）。したがって，<u>ある収益をどの事業年度に計上すべきかは，一般に公正妥当と認められる会計処理の基準に従うべきであり，これによれば，収益は，その**実現があった時**，すなわち，その</u>収入すべき権利が確定したとき<u>の属する年度の益金に計上すべきものと考えられる。</u>」　（最高裁平成5年11月25日第一小法廷判決・民集47巻9号5278頁）

最高裁平成5年判決を読むと，「収入すべき権利が確定したとき」とあるので，所得税法と同じく「権利確定主義」が採用されていることがわかります。

同時に「実現があった時」という言葉もみつかります。この「実現」という言葉に着目して「**実現主義**」と呼ばれることもあります。

「実現主義」は，所得の実現があったときに「所得」を認識する，つまり，その時点になって初めて課税をする，という意味です。法人税法の判例を挙げましたが，所得税法でも同じように考えられています。

いずれにせよ，このように，権利確定主義が判例・通説であるのですが，例外的に「管理支配基準」という考え方が採られることがあります。

管理支配基準というのは，法的な権利の発生が確定していない状態であるとしても，事実上，その収入（金銭）を管理し，支配する状態が生じている場合には，そのときに「収入すべき金額」（所得税法36条1項）があったと考えるものです。

たとえば，利息制限法に違反して利息を収受した場合，法的には違法ですから，不当利得返還請求を受けた場合，それは返還しなければならないものです。したがって，法的にはその超過利息を収受できる権利は確定していません。しかし，現実に受領した場合には「管理支配基準」を適用し，「収入」があったと判断されます（最高裁昭和49年3月8日第二小法廷判決・民集28巻2号186頁）。

なお，ここでは，別の論点になりますが，違法な利得でも「所得」にあたるかという，「違法所得」の問題もあります。肯定説が判例・通説でしたよね（61〜62頁）。そのため，違法な利得である超過利息の収受についても，「所得」にあたることが前提になっています。

「権利確定主義」と「管理支配基準」の関係については，金子宏先生が，次のように整理をされています。

「権利の確定という「法的基準」ですべての場合を律するのは妥当ではなく，場合によっては，利得が納税者のコントロールのもとに入ったという意味での「管理支配基準」を適用するのが妥当な場合もある。」
（金子宏『租税法〔第24版〕』〔弘文堂，2021年〕319頁。下線，強調は筆者が記載）

いわば「権利確定主義」が原則で,「管理支配基準」が例外だと考えると,わかりやすいと思います。

$$\left\{\begin{array}{ll} 原則 & 権利確定主義 \\ 例外 & 管理支配基準 \end{array}\right.$$

　権利確定主義は,司法試験の論文試験でも頻出の論点であるくらい,所得税法で重要な基本概念です。

　同時に,同じく所得に対する課税である法人税法でも,重要な基本概念です。ただし,法人税法の場合は,「公正処理基準」(法人税法22条4項)によるとされているので,会社が継続して採用している会計基準どおりであれば,法人税法に「別段の定め」がない限りは,それにしたがって益金の計上時期が決まることになります。

　この点について,上記の最高裁平成5年判決も,次のように判示しています。

　「もっとも,法人税法22条4項は,現に法人のした利益計算が法人税法の企図する公平な所得計算という要請に反するものでない限り,課税所得の計算上もこれを是認するのが相当であるとの見地から,収益を一般に公正妥当と認められる会計処理の基準に従って計上すべきものと定めたものと解されるから,右の権利の確定時期に関する会計処理を,法律上どの時点で権利の行使が可能となるかという基準を唯一の基準としてしなければならないとするのは相当でなく,取引の経済的実態からみて合理的なものとみられる収益計上の基準の中から,当該法人が特定の基準を選択し,継続してその基準によって収益を計上している場合には,法人税法上も右会計処理を正当なものとして是認すべきである。」

権利確定主義は，このように，所得に対する税金（所得税，法人税）では，重要な基本概念です。「租税法」の学習のなかでも，きわめて重要度の高い論点です。

　これに続いて，経費（損金）を，いつ計上すべきか，という問題もあります。この点については，所得税法では「必要経費の年度帰属」と呼ばれる論点になりますが，これは次にお話したいと思います。

4 債務確定主義

　年度帰属というと，「収入」（法人税の場合は「益金」）の年度帰属が大きくクローズアップされがちなのですが，実際にはこうした「プラス」だけでなく「マイナス」をいつの年度に帰属させるべきか，という問題もあります。

　所得税法の場合は「マイナス」というと，収入金額から控除できる「経費」であり，事業所得，不動産所得，雑所得，山林所得の場合は「必要経費」の控除が認められています。そこで**「必要経費の年度帰属」**と呼ばれることがあります。

　必要経費の年度帰属について定めた条文は，必要経費として認められるものの要件を定めた所得税法37条です。37条2項は山林所得について定めていますので，ここではよく問題になる事業所得等について規定されている37条1項をみておきましょう。

（必要経費）

第37条　その年分の 不動産所得 の金額，　事業所得 の金額又は 雑所得 の金額（略）の計算上 必要経費に算入すべき金額 は，別段の定めがあるものを除き，これらの所得の総収入金額に係る売上原価その他当該総収入金額を得るため直接に要した費用の額（※1）及びその年における販売費，一般管理費その他これらの所得を生ずべき業務について生じた費用（償却費以外の費用でその年において債務の確定しないものを除く。）の額（※2）とする。

（以下，省略）

長い条文ですが，所得税法37条１項は，前半部分（前段）と後半部分（後段）に分けることができます。（※１）の前段（「これらの所得の総収入金額に係る売上原価その他当該総収入金額を得るため直接に要した費用の額」）を「個別対応」または「直接対応」といい，（※２）の後段（「その年における販売費，一般管理費その他これらの所得を生ずべき業務について生じた費用（償却費以外の費用でその年において債務の確定しないものを除く。）の額」）を「一般対応」または「間接対応」「期間対応」といいます。

　前段は，「売上原価」や「直接に要した費用の額」になっているため，収入との間に「個別」「直接」の対応関係があるものということができます（**直接関連性**）。これに対して，後段は，いわゆる販管費（「販売費，一般管理費」）や「所得を生ずべき業務について生じた費用」になっており，収入との直接の対応関係はない，その年分における業務に関連する費用全般を指しています（**業務関連性**）。

　この点について整理すると，次のようになります。

【必要経費の年度帰属】

　　所得税法37条１項（前段）：「個別対応」「直接対応」
　　　　　　　　　　　　→直接関連性が必要
　　所得税法37条１項（後段）：「一般対応」「間接対応」「期間対応」
　　　　　　　　　　　　→業務関連性が必要

　必要経費の要件は，①**必要性要件**と②**関連性要件**の２要件でみると解されています（**２要件説**）。上記は，関連性要件に求められる程度の問題になります。

　法人税法の場合には，「益金－損金」で，事業年度の法人の所得を計算しますので，マイナスについては「**損金の年度帰属**」ということになりま

す。損金として算入ができるのは，法人税法によれば，①原価（法人税法22条3項1号），②費用（同項2号），③損失（同項3号）の3つです。

念のため，条文をみておきましょう。法人税法22条3項です。

3　内国法人の各事業年度の所得の金額の計算上当該事業年度の 損金の額 に算入すべき金額は，別段の定めがあるものを除き，次に掲げる額とする。

一　当該事業年度の収益に係る 売上原価 ，完成工事原価その他これらに準ずる 原価 の額

二　前号に掲げるもののほか，当該事業年度の 販売費，一般管理費 その他の 費用 （償却費以外の費用で当該事業年度終了の日までに債務の確定しないものを除く。）の額

三　当該事業年度の 損失 の額で資本等取引以外の取引に係るもの

いろいろ書いてありますが，ひとことでいうと，1号は「原価」，2号は「費用」，3号は「損失」，ということができます。

ここで所得税法37条1項と，法人税法22条3項をよく読んで，対比をしてみると，きわめて似たような条文であることがわかります。

所得税法における事業所得は，収入から必要経費を控除して「所得の金額」を計算しますが，法人税法は，個人の事業所得の法人版と考えることができます。その意味では，所得税法における事業所得の必要経費を定めた同法37条1項と，法人税法における損金として算入できる金額を定めた同法22条3項は，同じような構造をもっているのです。

この点で，所得税法と法人税法を比較しながら勉強すると「租税法」の学習は，とてもはかどります。その手法（所得税法と法人税法を比較しながら勉強する方法）も，ここで具体的にみていきますので，勉強法としても参考にしてみてください。

ここでは「債務確定主義」についてお話をします。債務確定主義は、いまみた、2つの条文のなかに規定があります。

　所得税法では、37条1項の後半部分（後段）のかっこ書きにある「**債務の確定**」という部分です。法人税法では22条3項2号のかっこ書きにある「債務の確定」という部分です。

　もう一度、該当部分をみておきましょう。

（所得税法37条1項の後段）

その年における販売費、一般管理費その他これらの所得を生ずべき業務について生じた費用（<u>償却費以外の費用でその年において**債務の確定**しないものを除く。</u>）の額

（法人税法22条3項2号）

　二　前号に掲げるもののほか、当該事業年度の販売費、一般管理費その他の費用（<u>償却費以外の費用で当該事業年度終了の日までに**債務の確定**しないものを除く。</u>）の額

　よく読んでみると、かっこ書きは、ほとんど同じですね。所得税法37条1項後段が「その年において」とあり、法人税法が「当該事業年度終了の日までに」とある点が違います。しかし、これは所得税法が「暦年課税」（カレンダーどおり）で年度を区切っていたのに対し、法人税法がその法人の「事業年度」で年度を区切っていることからくる違いにすぎません。そうすると、<u>この2つの条文は、同じことをいっている条文といってよいといえます。</u>

　償却費以外というのは、減価償却費については「債務の確定」がなくてもよいという意味ですが、細かいのでここでは省略します。<u>要するに、減</u>

価償却費などの償却費以外の「費用」については，「債務の確定」がない
と，その年分（事業年度）の「必要経費」（損金）に計上できない，と
いっている条文なのです。

　そこで「債務の確定」とは，どのような場合に認められるのかが問題に
なります。この点については，所得税法にも法人税法にも規定がないので
すが，それぞれの通達に次のような3要件でみることが示されています。

所得税基本通達37−2

（必要経費に算入すべき費用の債務確定の判定）

37−2　法第37条の規定によりその年分の不動産所得の金額，事業所得の
　　金額，山林所得の金額又は雑所得の金額の計算上必要経費に算入すべき
　　償却費以外の費用で，その年において**債務が確定**しているものとは，別
　　段の定めがあるものを除き，次に掲げる要件の全てに該当するものとす
　　る。（略）

　（1）　その年12月31日（年の中途において死亡し又は出国をした場合に
　　　　は，その死亡又は出国の時。以下この項において同じ。）までに当該
　　　　費用に係る 債務が成立 していること。

　（2）　その年12月31日までに当該債務に基づいて 具体的な給付をすべき
　　　　原因となる事実が発生 していること。

　（3）　その年12月31日までにその 金額を合理的に算出することができる
　　　　ものであること。

法人税基本通達2−2−12

（債務の確定の判定）

2−2−12　法第22条第3項第2号（損金の額に算入される販売費等）の
　　償却費以外の費用で当該事業年度終了の日までに**債務が確定**しているも
　　のとは，別に定めるものを除き，次に掲げる要件の全てに該当するもの

とする。（略）

（1）　当該事業年度終了の日までに当該費用に係る 債務が成立 していること。

（2）　当該事業年度終了の日までに当該債務に基づいて 具体的な給付をすべき原因となる事実が発生 していること。

（3）　当該事業年度終了の日までにその 金額を合理的に算定することができる ものであること。

　通達は「法律」ではありませんので，国民や裁判所が拘束されるものではありませんが，この規定には合理性があるため，裁判所も「債務の確定」については，この3要件でみることを判示しています。

　「原告が損金計上した右取付費用が法人税法22条3項1号，2号のいずれに該当するものであるかはともかく，そのいずれであるにしても，右取付費用は当該事業年度終了の日までに債務として確定していなければならないのであり（法人税法22条3項2号，略参照），そして右**債務の確定ありといいうるためには**，当該事業年度の終了の日までに，（1） 債務が成立 していること，（2）当該債務に基づいて 具体的な給付をすべき原因となる事実が発生 していること，（3） 金額を合理的に算定できる こと，という 3つの要件 **を全て充たしていなければならない**（法人税基本通達2－1－15（現行：2－2－12）参照）と解するのが相当である。」

（山口地裁昭和56年11月5日判決・行集32巻11号1916頁）

　この3要件が「債務確定基準」と呼ばれるものです。所得税法でも法人税法でも，全く同じ基準です。

　なお，上記山口地裁昭和56年判決を読むうえで，注意が必要な部分もあります。それは「1号，2号のいずれに該当するものであるかはともか

く，そのいずれであるにしても……債務として確定していなければならない」という部分です。

　この点については，1号（原価）については，2号（費用）のようなかっこ書きがなく，法文上は「債務の確定」が求められていません。そこで，後の判例では1号（原価）については見積金額でもよく，「債務の確定」は不要であると判示されています（最高裁平成16年10月29日第二小法廷判決・刑集58巻7号697頁）。

　1号（原価）と2号（費用）の条文を見比べると，以下のように，1号には，かっこ書きがありませんよね。

　一　当該事業年度の収益に係る売上原価，完成工事原価その他これらに
　　　準ずる 原価 の額
　二　前号に掲げるもののほか，当該事業年度の販売費，一般管理費その
　　　他の 費用 （償却費以外の費用で当該事業年度終了の日までに**債務の確
　　　定**しないものを除く。）の額

　かっこ書きはないけれど，2号（費用）と同じように，1号（原価）でも「債務の確定」が必要だという考えもあったのですが，最高裁はこれを否定したのです。

　もっとも，最高裁平成16年判決は，無条件に原価の損金算入を認めるのではなく，①「近い将来に……費用を支出することが相当程度の確実性をもって見込まれて」いること，②「現況によりその金額を適正に見積もることが可能であったと……こと」といった2つの条件のもとで，「当該事業年度終了の日までに当該費用に係る債務が確定していないときであっても……見積金額を法人税法22条3項1号にいう「当該事業年度の収益に係る売上原価」の額として当該事業年度の損金の額に算入することができる」としました。

なお，近時の裁判例では，これらの関係も踏まえて，次のように判示されたものがあります。

　「……原価については，特定の収益を生み出すために直接必要であった費用であり，個別的かつ客観的に収益と対応するものといえることから，当該事業年度終了の日までに当該費用に係る債務が確定していない場合であっても，近い将来にこれを支出することが相当程度の確実さをもって見込まれており，かつ，その金額を適正に見積もることが可能であれば，損金の額に算入し得るものである（最高裁判所平成12年（あ）第1714号同16年10月29日第二小法廷判決・刑集58巻7号697頁参照）のに対し，販管費等については，特定の収益と個別的かつ客観的に対応させることが困難であり，将来発生する費用の発生の可能性の評価や費用となる金額の算定に当たって，法人の恣意性が入り込みやすいことから，企業会計上は引当金を計上するとともに費用処理する処理が一般に公正妥当なものといえる場合であっても，法人の所得の金額の計算上は，当該事業年度終了の日までに債務が確定したものに限り損金算入を認めることとして，損金の額に算入される販管費等の額につき法人の恣意が入り込む余地を排除し，もって課税計算の適正を確保しようとするのが，債務確定要件の趣旨であるというべきである。
　……債務確定通達（基本通達2－2－12）は，債務確定要件の判定基準として，当該事業年度終了の日までに，当該費用に係る債務が成立していること（債務確定基準①），当該債務に基づいて具体的な給付をすべき原因となる事実（具体的原因事実）が発生していること（債務確定基準②）及びその金額を合理的に算定することができること（債務確定基準③）を定める（略）ところ，その内容は，企業会計上，すべての費用及び収益はその発生した期間に割り当てるように処理しなければならないものとする発生主義の考え方に整合するとともに，その発生の可能性の評価等に関する法人の恣意を排除するという債務確定要件の上記趣旨にも沿うものといえる。」

（東京地裁令和元年10月24日判決・税務訴訟資料269号順号13329）

このあたりは，条文の読み方，法解釈の問題になるため，論点としては試験で取り上げやすいです。

司法試験（論文試験）でも，「債務確定基準」の規範を定立して，具体的な事例にあてはめる問題は，過去に何度か出題されています。

債務確定基準は，少しむずかしかったかもしれません。でも安心してください。租税法の学習としては，中上級くらいです。まずは，まえにみた（重要基本論点である）権利確定主義を，しっかり理解することが重要です。

その比較で「債務確定基準」をおさえ，さらには，いまお話してきたように，所得税法と法人税法の両者を対比しながら勉強してしまうと，学習がとっても効率的ですよ。ここまで来れば，「租税法，得意科目です」といえるようになるでしょう（債務確定主義は，条文の読み方が重要なので，173頁以下をくりかえし読んでください）。

そういう意味では，気づいた人もいたかもしれませんが，法人税では22条3項3号に「損失」があったのに対し，所得税では37条1項のどこをみても「損失」という言葉はありません。これも所得税法だけでなく，法人税法と対比することで発見できる部分です。

法人税法と異なり，所得税法では，一般的に必要経費として認められるものに「損失」が挙げられていません。例外的に特別な規定で認められたものだけが必要経費に算入できることになっているからです（理由は，個人の場合，消費活動もあるため，損失が必ずしも「所得」を減少させるものではないからです）。

詳細に入ると入門編を超えるので，1つだけ例を挙げます。たとえば，**貸倒損失**については，法人税法では22条3項3号の「損失」の問題として検討されることになります。

貸倒損失というのは，売買代金などの金銭債権が法的には発生したため「益金」（収入）に計上したものの，結局，債務者に資力がなくて回収できなかった場合に，それを「損失」として処理できないか，という問題で

す。実務上はよく問題になります。

　この貸倒損失ですが，所得税法の場合には，必要経費を定めた37条1項に「損失」は規定されていません。そこで，事業所得の場合には，同法が「別段の定め」として規定した貸倒損失の規定をみていくことになります（所得税法51条2項）。同条は，「資産損失の必要経費算入」について規定したものですが，法人と異なり個人の場合，生じた損失が全て事業に関するとは限らないため，必要経費の総則規定（37条1項）には「損失」の定めはなく，「別段の定め」に規定があるのです。

> 2　居住者の営む不動産所得，事業所得又は山林所得を生ずべき事業について，その事業の遂行上生じた売掛金，貸付金，前渡金その他これらに準ずる債権の 貸倒れ その他政令で定める事由により生じた 損失 の金額は，その者のその損失の生じた日の属する年分の不動産所得の金額，事業所得の金額又は山林所得の金額の計算上， 必要経費 に算入する。

　最後に勉強法の視点にも触れましたが，租税法の本を読んでも「所得税法」と「法人税法」を比較しながら勉強しましょう，とはなかなか書いてありません。しかし，同じ「所得」に対する課税であり，「租税法」のメインの2つの税金です。

　比較しながら学んでいくのが効率的ですし，違いにも注目できるので，きっと深い理解が得られますよ。

　なお，必要経費と損金については，所得税法と法人税法の規定の共通点と相違点を比較させる問題が，平成25年度の司法試験でも出題されています（興味のある方は，法務省HPの司法試験コーナーをみてみてください）。

5 費用収益対応の原則

　最後に，もうひとつ重要な基本概念についてお話をして，この章は終えたいと思います（この章が終わると，残りの２章は「実践編」としての，試験問題に対する答案の書き方と，ブックガイドです。実質的な内容についていうと，本書では，これが最後になります）。

　重要な基本概念は「費用収益対応の原則」と呼ばれるものです。

　すでにお話をしてきたように，所得税であれば，所得の金額は，原則として**「収入－経費」**で計算されるものでした。これに対して，法人税の場合，所得の金額は，**「益金－損金」**で計算されるのでした。

　そして，それぞれの年度帰属（いつの年度に帰属させるべきか）の問題として，プラスについては「収入の年度帰属」（益金の計上時期）として「権利確定主義」があり，マイナスについては「必要経費の年度帰属」（損金の計上時期）として（期間対応の費用については）「債務確定主義」があるというお話をしました。

　その前提として「費用収益対応の原則」は登場します。<u>**「費用収益対応の原則」**というのは，その年度に得た収益に対応する費用についてのみ控除できる，という原則です。</u>

　事業の売上げが立つ場合，そのために投入した費用はさまざまなものがあるはずです。その売上げに直接対応する売上原価はもちろん，広告宣伝費や，設備費，人件費などさまざまな経費がかかっているはずです。

　これらについて，どこまで控除できるのか，という問題があります。

　というのも，これらの諸経費は，所得税でいえば**「必要経費」**の問題になり，法人税でいえば**「損金」**（①原価，②費用，③損失）の問題になる

のであり，いずれも，課税の対象になる所得から控除できるものだからです。

　控除できるものが多くなればなるほど，その年度における税金（所得税，法人税）は低くなります。そうすると，納税者としては，控除できるものがあれば（それこそ「レシート」や「領収書」さえもらえれば），なんでも経費としてマイナスして所得を圧縮したい，ということになるでしょう。

　しかし，それをなんでもかんでも納税者の自由に認めてしまうと，不当に税金を安くすることを認めることになりかねませんよね。

　そこで，所得税法，法人税法は，こうした無制限の経費控除をさせないように，必要経費や損金算入が認められるための要件を定めているのです（所得税法37条，法人税法22条3項）。

　この場合に，条文には書かれていない原則ですが，「費用収益対応の原則」という考えが必要になってきます。

　それは，すでにお話したように，<u>その年度における「収益」（所得税の場合は「収入」）に対応する「費用」（所得税の場合は必要経費）のみが，所得から控除できる対象になる</u>，ということです。

　これは，どういうことでしょうか。

　<u>ポイントは，基点になるのは「費用」（必要経費）ではなく「収益」（収入）だということです</u>。つまり，その年度において計上される「プラス」（収益，収入）に対応するといえるもののみを「費用」（必要経費）として「マイナス」できる，ということです。

　これは逆ではありませんので，注意が必要です。言葉としては「費用収益対応の原則」といって，費用が先ですが，<u>基点になるのは費用ではありません。あくまで収益が基点になるのです</u>。

　この考え方を「用語」も正確にとらえたうえで，理解していくことが「租税法」の学習では重要になります。「租税法」の学習の重要度でいう

と，中級レベルではあります。しかし，この考え方を正確におさえているか，いないかで，重要基本論点についての「考察の鋭さ」が変わってきます。

　その意味では，最後に挙げましたが，租税法の重要基本概念のひとつであることは間違いありません。

　さあ，これで，内容的な本書の学習は終わりです！

　このあとには，実践編が2章あります。実践編は，これまで学んだことを前提に，どのように勉強すればよいかについて，具体的な方法論をアドバイスをする章です。
　あと少しですので，リラックスして，気軽に読み進めてください。

第6章

租税法の試験ではどのような答案を書けばよいのか？

実践編　試験の問題を解いてみよう

　授業も受けた。テキストも読んだ。条文も読んでみた。判例百選もざっと目を通した。でも，試験（学部の期末試験など）になると，答案に何をどのように書いてよいかわからない，という声をよく聞きます。

　インプットができても，論文式の答案を書くためには「アウトプット」の力も鍛えなければなりません。しかし，残念ながら，試験でのアウトプットである「答案の書き方」については，大学でも教えてはくれないのが通常でしょう。

　ここで大事なことは，法学部などの学生の方も「書き方」を教われば，上手な法律文章書けるようになる，ということです。

　そこで，本書でも，この第6章では，答案（文章）の書き方について，簡単にお話をしたいと思います。租税法の試験問題（通常，法学部や法科大学院の定期試験で想定される，論文形式で解答するもの）の解答の仕方です。

　本書を読んだだけでは，まだ知識がなくて，わからないこともあると思います。でも，それは気にせずに，読んでみてください。答案には，どのような文章を書けばよいのか。その雰囲気がわかれば，本書では十分だからです。

　たとえば，次のような問題が出題された場合，あなたは，どのように解答しますか。問題文をよく読んで，3分くらいでいいですので，少し考えてみてください。自分だったら，どんなことを書くかなあ，という感じで。

　では，いきましょうか。ひとつめの問題です。

> **問題1**
> 法律上収受することが禁止された金銭を受領した個人がいた場合，当該金銭の受領について所得税は課されるか。

　この問題は「**一行問題**」と呼ばれるもので，１行ではありませんが，抽象的に，その法律科目の論点などを問うものです。

　問題２でみるような「具体的な事例」（Ｘさんが，いつ，どのようにして，いくらの利益を得たかといった事例が問題に書かれているもの）ではありませんので，「**抽象問題**」と呼ばれます。

　このような問題では，考えられる論点について，問題提起をして，自説の理由を書いて，結論を導けば，答案を書くことができます。

　問題１では，「法律上収受することが禁止された金銭」を「受領した個人」の「所得税」が問われています。少し考えてみると，いわゆる「違法所得」の論点（61〜62頁参照）が問われているな，とわかります。

　違法な所得でも，所得にあたる，というのが，判例・通説の結論でした（肯定説）。そこで，この肯定説にたって答案を書く。それがオーソドックスな書き方です。

　次に考えるべきことは，肯定説（違法所得も「所得」にあたり課税されるとの考え）に立つ場合，その理由は何か，という点です。

　そうすると，日本の所得税法が「所得概念」について，所得の色を問わない「包括的所得概念」を採用していたことが，思い浮かぶはずです。

　そうです。所得は原因を問わず，非課税所得にあたらない限り，すべて所得税が課される，ということでしたね。

　これで，書くべきことは明らかになりました。

　あとは，そのロジックを，１つひとつ丁寧に書くことです。「思考のプロセス」をていねいに追って，それをわかりやすく文章にしていけば，論

理的な文章になります（論理のプロセス）。

　また，ここで論点の説明を補足すると，判例は利息制限法に違反する制限超過利息について，現実に収受した場合に「収入すべき金額」にあたるとしています（最高裁昭和46年11月9日第三小法廷判決・民集25巻8号1120頁）。

　法的な権利の確定はなくても，事実上の管理支配があるという考え方といえます（管理支配基準）。逆にいえば，受領したものを返還した場合には，一度課税された所得について，課税額を変更する方法（調整）も必要になるはずです。この点については，事業所得等の場合には，返還した年分の必要経費に算入することで，過去に課税された違法所得が，課税されなかったのと同じ結果になるように帳尻を合わせることになります（所得税法51条2項，同法施行令141条3号）。雑所得等の場合には，更正の請求を行うことができます（同法152条，同法施行令274条1号）。

　以上を踏まえて，たとえばですが，次のような答案を例として挙げておきましょう。本書の読者の方には，こうした答案の書き方に慣れていない人が多いと思います。そこで，まずはゆっくりと読んでみてください（できれば，声に出して，音読してみるといいですよ。いま外にいるようでなければですが）。

（参考答案1）

第1　法律上収受することが禁止された金銭を受領した個人がいた場合，
　　当該金銭の受領について所得税は課されるか。違法な利得が「所得」に
　　あたるかが，所得概念をどのようにとらえるべきかに関連して問題とな
　　る。（☆1）

第2　所得税法は，一時的・偶発的な利得である，一時所得（34条1項），
　　譲渡所得（33条1項），雑所得（35条1項）についても，それぞれ所得
　　分類を定めている。つまり，これらの利得も，「所得」にあたることが

前提とされている。また，所得税法７条１項１号は，課税所得の範囲について，「すべての所得」としており，課税される所得の原因を制限をしていない。（☆２）

　よって，あらたな経済的価値の流入があれば，反復・継続性の有無といった原因や性質を問わず，「所得」にあたり（包括的所得概念），法が例外的に定める非課税所得（所得税法９条１項等）にあたらない限り，所得税が課されると考える。（☆３）

　これを本件についてみると，法律上収受が禁止された違法な利得も，金銭を受領した時点で，あらたな経済的価値の流入がある以上，「所得」にあたる。「収入すべき金額」（所得税法36条１項）との関係を考えても，現実に受領し，事実上の管理支配が及んでいる以上，所得の実現があったとみることができる。（☆４）

第３　これに対して，違法な利得を「所得」と考えると，法が違法行為を助長することになるとして，所得にあたらないとする見解も考えられる。（☆５）

　しかし，所得税法は，上記のとおり，条文上，所得にあたるか否かについて，何ら制限を設けていない。また，所得税法上の「所得」にあたるか否かは，課税の問題であり，犯罪行為の抑止とは直接の関係をもたない。（☆６）

　また，違法所得を返還した場合には，その年分の必要経費に算入されるか（所得税法51条２項，同法施行令141条３号），更正の請求ができる（同法152条，同法施行令274条１号）ことになるため，法的権利の確定も問題にはならない。この点で，所得は，経済的概念といえる。（☆７）

第４　したがって，法律上収受が禁止された金銭を受領した場合でも，所得にあたり，非課税所得にもあたらない以上，所得税が課される。（☆８）

意味のあるかたまりごとに，改行をして段落を分けています。そこで，段落ごとに，何を書いているかをみてみると，こうなります。

（問題提起）

　まず，第1（☆1）は，**問題提起**です。問題文にある問題をそのまま書いているのは「おうむ返しの原則」とも呼ばれるもの。書き出しに困ったときには使えます（とくに民法の問題で，使いやすいです）。

　といっても，それだけでは芸がないです。問題文の丸写しだけでは，高い評価も得られません。そこで，この問題の本質が何かを次にズバリ示しています。つまり，違法な所得の問題であり，所得概念の問題と関連する，という点です。このことを，次の1文で示しています。

　（☆1）の2つめの文章で，「違法な利得が『所得』にあたるかが，所得概念をどのようにとらえるべきかに関連して問題となる。」という部分です。

　1文で書いてありますが，2つのポイントが含まれています。前半部分は「違法な利得が『所得』にあたるか」です。そして後半部分は「所得概念をどのようにとらえるべきか」です。

　これは「所得概念」をどのようにとらえるかによって，「違法な所得」の問題の結論が導かれることを意味しています。<u>法律の試験では，このように，「論理のプロセス」をていねいに文章に書くことが大切です。</u>

（自説の論証）

　次に，第2（（☆2）（☆3）（☆4））では，自説の論証をしています。（☆2）（☆3）は自説の**根拠（理由）**です。これに対して，（☆4）は自説の**結論**です。

　☆2の自説の根拠（理由）については，できるかぎり，多くの**条文**を正確に摘示しながら記載をしています。<u>法律の答案は，条文の引用がある答</u>

案のほうが高く評価されるからです。

　「すべての所得」と，かぎかっこをつけたのは，条文の文言で重要な部分を引用したことを示しています。条文に書かれていることをそのまま全部引用しても，条文を使えているとはいえません。必要な部分だけ，かぎかっこでくくって引用することで，「条文を使える力」があることを採点者に示すのです。

　☆3でも根拠（理由）が書かれています。ただ，ここは所得概念をどうとらえるか，という問題の結論にもなっています。所得概念が「包括的所得概念」であることの理由が（☆2）で，（☆3）はその結論という関係です。

　この点については，かっこ書きで，概念の名称も記載しています（包括的所得概念）。これは基本概念について正確な知識があることを，採点者にアピールするものです（試験の答案は点数がつけられます。評価の対象になる以上，アピールという視点は，とても重要です）。

　ただし，所得概念そのものがメインで問われているわけではないので，反対概念である「制限的所得概念」については，あえて答案には記載せずに，コンパクトにまとめています。重要度に応じたメリハリです。

　（☆3）で，「法が例外的に定める非課税所得（所得税法9条1項等）にあたらない限り」と書いたのは，「所得」にあたるとしても，所得税法では，非課税所得にあたれば，所得税は課されないからです。

　問題文は，「所得」にあたるかではなく，「所得税は課されるか」です。そこで，この点についても，さりげなく言及をしているのです。

　（☆4）は，（☆2）から導かれた（☆3）の考え方（所得概念が「包括的所得概念」であること）を受けて，そうであれば「違法な利得」でも，「所得」にあたる，という結論を導いています。

　また，判例を意識して所得税法36条1項との関係についても，簡単に触れています。本問が抽象問題なので，どこまで問われているか定かであり

ませんが，判例の知識のアピールは重要なので，必要な限度で論及しています。

（反対説の紹介・批判）

　事例問題であれば，これで終わりでもよいのですが（また，最低限の解答としてはここまででもよいのですが），抽象問題なので，反対説にも言及をしています。それが，第3（（☆5）（☆6））です。

　（☆5）では，反対説とその論拠を紹介しています。「……とする見解も考えられる。」と書くのがポイントです。「……とする考えもある。」「……という説もある。」などでもよいです。いずれにしても，そういった見解（考え，学説）があることを，まずは紹介するのです。

　これに対して，（☆6）では，反対説を自説から批判（反論）しています。書き出しを「しかし」で始めるのがポイントです。

　反対説を紹介する場合には，それを自説の立場からたたいておかないとダメです。「論理的に説得力のある文章」になっているか。この点も，法律の試験では評価の対象になります。それなのに反対説を紹介するだけで終えてしまうと，反対説のほうが説得力があるんじゃないか，と採点する人に読まれてしまう危険があります。

　自説ではないのですから，紹介しっぱなしではダメなのです。こんな説もあるけど，ダメですよね，ということを書く。それが大事です。

　反対説を紹介する場合は，短くてよいので，自説の立場から，的確な批判（反論）が必要になるのです。

　さらに，（☆7）の記載は，加点事由になると思います。違法所得は民法上は不当利得返還請求（民法703条）の対象になり，本来，法律上保持し得ない利得です。（☆7）は，この点に考察を加えたものです。返還した場合の処理も条文上の根拠を示して述べることで，第3全体で課税に問題がないこと（いわば許容性）を論じています。

（結論）

　最後に，第4（☆8）で，反対説を批判したあとの，**まとめも入れてい
ます。**（☆7）で終えても問題はありません。ただ，最後に自説の結論を
まとめることで，すっきりとした印象にすることができます。

　<u>法律の問題では「問いに答える」ことが重要です。</u>論文形式の答案の最
後に，問いに対する答えをビシっともってくると，「問いに答えられてい
ますね」と，採点者も評価をしてくれるものです。

　さあ，これで問題1の検討は終わりです。

次に，少し長めの事例問題もみてみましょう。こんな問題が出題された
ら，あなたはどのような答案を書くでしょうか。

問題2

　大学4年生のXは，月1回くらいのペースで競馬をする趣味があった。
始めた大学3年生のときは，月1回くらいで1年の収支は数万円の赤字
だったが，令和3年は，運よく大きく当てることができ，Xは，1年で
300万円の利益を得た。その内訳は，当選による払戻金が350万円で，馬券
の購入費用が50万円だった。その購入費用は，当選した馬券の費用が20万
円で，外れ馬券の費用が30万円だった。
　以上の馬券の払戻金で得た利益について，Xの令和3年分の所得税は，
どのような扱いになるか。

　問題1のように「抽象問題」ではなく，具体的な事例を通じて，所得税
法の理解を問う「事例問題」になっています。

　「所得税は課されるか」という問いだった問題1と異なり，「Xの令和3
年分の所得税は，どのような扱いになるか」という問いになっています。
「どのような扱いになるか」が問われているので，何を書くべきかが，わ
かりにくくなっています。「『扱い』って何だよ？」という感じかもしれま
せん。

　このような場合には，＜所得税法の思考プロセス＞を使って，1つひと
つ検討していくと，書くべきことがわかります。＜所得税法の思考プロセ
ス＞は，どのようなものだったのでしょうか。

　そうです。＜**だれの，どんな所得が，いつ課税され，計算はどうなるの
か？**＞　でしたよね（56頁）。

　このうち，「だれの？」については，登場人物がXさんしかいません。
そこでこの問題では，Xであることに問題なく，特に検討すべきことはな

いな，とわかります。

　次に，「どんな所得が？」については，あらたな経済的価値の流入はあります。よって，「所得」にあたることにも問題がありません。非課税所得にもあたるものではありませんので，この点も問題ありません。

　ただ，競馬の馬券の払戻金で得た所得がどの所得にあたるのか，という**所得分類の問題**があることがわかります。これが１つめの論点です。

　「いつ課税され」についても，いずれも令和３年の話で他の年の話はありませんから，特に問題になることはないでしょう。

　最後に「計算はどうなるのか？」については，具体的な数字や，馬券の購入費用がでています。そこで，**（必要）経費の控除**が問題になりそうだとわかります。

　<u>これで問題点がわかりましたね。本問では，論点は２つです。①競馬の馬券の払戻金はどの所得分類にあたるか，そして，②馬券の購入費用を必要経費として控除できるか，です。</u>

　この２つをより具体的に考えると，①については，競馬の馬券の払戻金が「一時所得」（所得税法34条１項）にあたるか，あるいは一時所得に該当せず，「雑所得」（所得税法35条１項）にあたるか，の問題であるとわかります。

　この点は，本書でも紹介した競馬大阪事件（最高裁平成27年３月10日第三小法廷判決・刑集69巻２号434頁）や，その後の判例である競馬札幌事件（最高裁平成29年12月15日第二小法廷判決・民集71巻10号2235頁）を知っていると，思い浮かびやすいでしょう。<u>判例を知らなかったとしても，所得分類を勉強していけば，勘が働くようになります。少なくとも，偶発的な所得だな，とわかれば大丈夫。そうすれば，一時所得の該当性が思い浮かぶはずです</u>（要件は101〜103頁で確認してください）。

　２つの競馬事件と異なるのは，学生が趣味としてやっている程度の競馬だということです。会社員や公務員が自己資金を投入して，インターネッ

トを通じてパソコンで継続して馬券を購入し続けて，毎年数千万円単位の払戻金を得ていた特殊な事案とは，問題２の事例は明らかに異なります。

　そうすると，結論的には，継続性があるとはいえず（非継続要件を満たし），Ｘさんが得た馬券の払戻金は一時所得になると考えるのが妥当でしょう。

　そして，<u>一時所得に該当する場合には，収入から控除できる経費について，事業所得や雑所得のような「必要経費」ではなく，「その収入を得るために支出した金額」で，かつ「直接要した金額に限る」とされています（所得税法34条２項）</u>。

　そこで，払戻金を得るために直接要した費用である「当選した馬券の費用」（20万円）は，「その収入を得るために支出した金額」として控除できます。<u>でも，払戻金を得るために直接要した費用とはいいがたい「外れ馬券の費用」（30万円）は，控除できません。この結論が，素直です</u>。

　これに対して，継続性があると考えて，一時所得にあたらないという結論をとる人もいるかもしれません。その場合，他の８種類の所得にあたる可能性は低い（というか，まずないため），雑所得になるでしょう。

　<u>雑所得になると考える場合，雑所得には必要経費の控除が認められています（所得税法35条２項２号，37条１項）。そこで，外れ馬券の購入費用（30万円）も含めて，馬券の購入費用の全額50万円を控除できるという結論になるでしょう</u>。

　このようなことを，自説に立って，条文を上手に使いながら，論理的に論じていけばよいのです。どちらの考え方でも，高い評価を得られるはずです。<u>法律の試験の答案は，結論ですべてが決まるのではなく，複数の考え方がある場合には，**自説がよって立つ根拠**をきちんと示せば，少数説であったとしても点はつくようになっているからです</u>。

　ただし，実務的にいうと（また，競馬事件の裁判例の考え方からみても），問題２の事例については，一時所得と考えることになるでしょう。

それでも，解答としては，雑所得で書いたら「×」ということではないのです。雑所得で書く場合は，一時所得にならないと考える理由をきちんと書ければよいのです。

　参考までに，わたしであれば，次のように書きます（**参考答案2**）。あくまで参考ですので，絶対的な答えではありません。書き方の雰囲気を感じてもらえれば十分です。

　読んでからでもよいので，できれば，自分でも書いてみてください。最初は，こんがらかるかもしれませんが，書いてみましょう。

　<u>悩みながらでも，とにかく書いてみる。そのことで「書く力」はつきます。書くことを通じて，租税法の理解もぐんと深まっていくはずです。</u>

　なお，一時所得の金額を計算する際には，特別控除額（50万円）も控除されます（所得税法34条2項，3項）。

　さらに，総所得金額を計算するときは，一時所得の金額の2分の1のみが算入されます（所得税法22条2項2号）。

（参考答案2）

第1　所得分類について

1　Xが令和3年に得た，当選による馬券の払戻金の金額は350万円である。この所得（競馬所得）は，一時所得（34条1項）にあたるか，それとも，雑所得（35条1項）にあたるか。

2　一時所得にあたるためには，①34条1項に掲げられている他の8種類の所得にあたらないこと（除外要件），②営利を目的とする継続的行為から生じた所得以外の一時の所得であること（非継続要件），③労務その他の役務又は資産の譲渡の対価としての性質を有しないものであること（非対価要件）の3つの要件を満たすことが必要である（34条1項）。

　なお，非継続要件については，「営利を目的とする継続的行為から

生じた所得」であるか否かの問題になる。これにあたるか否かについては，文理解釈から，㋐「行為」の期間，回数，頻度その他の態様のほか，㋑「営利」の「目的」といえるような利益発生の規模，期間その他の状況があるかなどの事情を総合考慮して判断するべきである（最高裁判例）。

3(1) これを本件についてみると，大学生の趣味であり「事業」（所得税法27条1項）ではない以上，Xの競馬所得が，他の8種類の所得にあたらないことについては問題がない。よって，除外要件を満たす（①）。

(2) また，Xの詳細な個別の購入金額や購入態様等は定かでないが，大学3年生で開始して月に1回くらいのペースで行われた競馬である。そのため，馬券購入行為の期間は2年程度であり，回数も2年間で24回程度と考えられる（年間12回程度と思われる）。その頻度は月に1回に過ぎず，購入額も1年で50万円であり大学生としては高額であるものの，その「行為」に趣味としての競馬の嗜みを超えるような「継続」性はない（㋐）。

2年分で利益が生じたのは1年分に過ぎず，利益の生じた年分においても運よく大きくあてた額として300万円であったに過ぎず，「営利」の「目的」といえる状況もない（㋑）。

よって，非継続要件を満たす（②）。

(3) さらに，競馬の馬券の払戻金は，購入した馬券に記載されている馬が，その後に行われるレースで勝った場合に限って支払われるものに過ぎず，そこに対価性を認めることも困難である。よって，非対価要件も満たす（③）。

4 よって，Xが令和3年に得た競馬所得は，一時所得にあたる。

第2 経費の控除について

1 一時所得にあたる以上，令和3年分の「総収入金額」である350万

円から控除できるのは，「その収入を得るために支出した金額」で
あって，「直接要した金額に限」られる（34条2項）。

2　これを本件についてみると，当選した馬券の購入費用である20万円
は，350万円の払戻金を得るために直接要した費用であるといえる。
よって，20万円は「その収入を得るために支出した金額」として，控
除することができる。

これに対して，外れ馬券の購入費用である30万円は，払戻金を得る
ために直接要した費用とはいえず，控除することはできないと考え
る。関連はあるとしても，20万円と異なり，「直接要した金額」とは
いえないからである。

したがって，総収入金額350万円から控除できる金額は，20万円に
限られる。

第3　結論

以上より，Xが令和3年に馬券の払戻金で得た利益については，一時
所得（34条1項）にあたり，一時所得の「総収入金額」である350万円
から「収入を得るために支出した金額」である20万円を控除した330万
円から特別控除額である50万円（34条3項）を控除した280万円が，一
時所得の金額になる（34条2項）。

なお，総所得金額を計算する際には，「2分の1」である140万円のみ
が算入される（22条2項2号）。

いかがでしたでしょうか。問題2では，一時所得該当性など，課税要件
を示して，そのあてはめを行う形で整理すると，すっきりと書くことがで
きます。その際，非継続要件については，判例の「**判断基準**（規範）」も
示すことで，判例の知識もアピールできますし，基準に対応してあてはめ
の力も示すことができます（第1．3(2)参照）。これは，司法試験で重要な
（法学の事例問題の答案でも重要な）「**規範とあてはめ**」といわれるものに

なります。

　租税法の答案は，こんな感じで書けばよいのです。他の法律科目（憲法，民法，刑法など）の答案を書いたことがある人であればわかると思いますが（いまはわからなくても大丈夫ですよ），基本的な答案の書き方は，同じなのです。

　問いに答えること，条文を正確に書くこと，論理の流れ^{（プロセス）}をていねいに書くこと，自説から一貫した論述をすること，規範とあてはめを分けて両者をきちんと書くこと，こうしたことができれば，高い評価をもらえます。

　そこまでは書けない，と思った人もいるかもしれませんが，こうした法律文章の書き方は，租税法だけのものではありません。憲法，民法，刑法などの問題演習を通じて，力をつけていけば，租税法でも，自然と論理的な文章が書けるようになります。

　本書のテーマからは外れますが，論理的な文章の書き方にご興味がある方は，わたしが書いた本に 『もっと論理的な文章を書く』（実務教育出版，2010年），『新・センスのよい法律文章の書き方』（中央経済社，2018年），『税法文章術』（大蔵財務協会，2021年）などがありますので，あわせて読んでみてください。

第7章

租税法のブックガイド

実践編 租税法の本を読んでみよう

実践編　租税法の本を読んでみよう

　租税法を勉強するにあたっては，最初のうちは，独学よりも，租税法を専門にしている先生の授業（講義）を受けたほうがよいと思います。

　詳しい先生から教わること。これがやはり1番，効率がよいからです。といっても，その授業のレベルが，教わる側の学習進度（理解度）にあっていない場合は，うまくいきません。

　かえって，むずかしい科目だというイメージができてしまうおそれもあります。「租税法なんてむずかしいからキライだ」となってしまう危険ですね。

　本書は，そうしたことが起きないようにするための，あるいはすでに起きてしまった人がその状態を克服（回復）するための本です。お薬のようなものですね（サプリメントかもしれません）。また，租税法の授業（講義）を受けたことがない人が，どんな法律科目なのかをイメージするための本でもあります（導入のマニュアルみたいなものともいえます）。

　そこで，本書は，他の租税法の本にはない「独特な構成」にしました。また，できるかぎり「わかりやすい語り口」を使うことで，親しみやすい雰囲気をつくりました。いかがでしたでしょうか。

　本書は，租税法の超入門段階（導入時）における1冊として，きっと役に立つと思います。他方で，司法試験を受ける人にとっても，「基本」を確認し，理解を深めるために，役立つ本だと思っています。入門レベルの人だけでなく，上級レベルの人が読んでも，発見があるようにつくったからです。

　最初から全部をわかる必要はありません（そもそも，そんなことは無理

です）。ですから，<u>**本書はくりかえし読んでください**。くりかえし読むう</u><u>ちにわかってくることも，法律の勉強にはあるのです。</u>

<u>本書をきっかけに，他の本を読んでいけば，さらに租税法の理解は深</u><u>まっていきます。</u>導入書ですから，この章では，<u>他の本への橋渡し</u>をしたいと思います。

まず，小説で租税法を学ぶことができる 1 冊があります。**木山泰嗣『小説で読む租税法』（法学書院，2019年）**です。司法試験にも対応した範囲で構成されており，法科大学院生の物語を味わいながら，ロースクールの授業を追体験できます。

ほかにも，超入門的な租税法の本に，**佐藤英明『プレップ租税法〔第 4 版〕』（弘文堂，2021年）**があります。プレップシリーズは，新しく法律科目を勉強するときに，さくっとその法律を概観できる点で，優れたシリーズです。この本は，会話調で話が進んでいくもので，佐藤先生が楽しんで書かれていることが伝わってきます。くだけた雰囲気で，租税法を概観できます。面白い 1 冊です。

それなりのボリュームがあっても，租税法の全体を基礎から，腰をすえてじっくりと学びたい方には，**酒井克彦『スタートアップ租税法〔第 4 版〕』（財経詳報社，2021年）**がマニア好みの 1 冊になると思います。他のテキストにはない観点の指摘も多く，本格派の方への入門書としてぴったりと思われる好著です。

本書では，必要な条文を，できるかぎり引用しました。租税法を勉強する際には，本のなかに条文が引用されていることは，ほとんどありません。ですから，手元に条文を置いて，自分で引いて読むクセをつけることも重要です。

そのときに役立つ 1 冊として，**中里実・増井良啓・渕圭吾編『租税法判**

例六法〔第5版〕』（有斐閣，2021年）を挙げておきます。この本は租税法の重要法令を集めたもので，いわば租税法の「六法」です。ただ条文が載っているだけなんじゃないか，と思われるかもしれません。

　しかし膨大な租税法令があるなかで，租税法の学習に重要な部分に限定してコンパクトに集めたものは，他にありません。この六法に収録されているのは，所得税法，所得税法施行令（抜粋），法人税法，法人税法施行令（抜粋）です（下線が「租税法」の学習のメインでしたよね）。ほかにも，相続税法，消費税法，租税特別措置法，さらには，国税通則法，国税通則法施行令，国税徴収法，国税徴収法施行令も収録されています。

　学習するうえで何より便利なのは，重要判例が，条文のあとに載っていることです。たとえば，譲渡所得を定めた所得税法33条の条文のあとには，譲渡所得に関連する判例が項目ごとに分けられて掲載されています。記載があるのは判例の結論のみですが，これはとても便利です。

　入門レベルだけでなく，司法試験レベルでも非常に役立ちますので，ロースクールの租税法選択者に，授業でもすすめている1冊です。

　条文の次に重要なのが，「判例」です。判例についても，本書では，必要なものについては，引用をしました。しかし勉強をする際には，引用がなくても自分で判例集にあたり，重要な部分を読むことが必要です。

　この点で，他の法律科目と同じく，判例百選が重要になります。本書でも紹介しましたが，**中里実・佐藤英明・増井良啓・渋谷雅弘・渕圭吾編『租税判例百選〔第7版〕』**（有斐閣，2021年）は，手元において，何度も読んでください。線を引いたり，メモをしたり汚してもらいたい1冊です。

　国税4法をくまなく学べるテキストもあります。**谷口勢津夫・一高龍司・野一色直人・木山泰嗣『基礎から学べる租税法〔第3版〕』**（弘文堂，

2022年）です。２色刷で４人の税法学者が，各章（所得税法，法人税法，消費税法，相続税法）を担当した異色作です。

　租税法を学んでいくための本になると，他にもたくさんあります。なんといってもバイブルである，**金子宏『租税法〔第24版〕』（弘文堂，2021年）** は購入して，手元に置いてもらいたいです。１冊を通読する必要はありません。授業でとりあげられた範囲の部分だけ，復習としてざっと読んでみる，というのでもよいです。辞書的に使える１冊です。最終的には，この１冊を必要に応じて使いこなせるようになることを，ひとつの目標にしてみるのも，よいでしょう。実務家も，毎年のこの本の改訂版を購入し，案件がくるたびに，関連箇所に目を通しています。税務訴訟でも，国の代理人からも，納税者代理人からも，引用が多い本です。

　金子先生の本はさすがにむずかしすぎる，という方におすすめなのが，**佐藤英明『スタンダード所得税法〔第３版〕』（弘文堂，2022年）** です。蛍光の黄緑色の表紙で，本文は２色刷り。全体的に明るい雰囲気です。「租税法」の学習で最も重要な所得税について，具体例も豊富で，わかりやすく解説がされています。司法試験受験生にも愛用者が多いです。といっても，選択科目である租税法のレベルは決して高くありませんから，学部生（初学者）にとっても，わかりやすい１冊になっています。

　２色刷ではありませんが，理論面で，さまざまな角度から厚く解説がされているのが，**谷口勢津夫『税法基本講義〔第７版〕』（弘文堂，2021年）** です。ロースクールの学生にすすめている本なのですが，概念に対するネーミングに独特なところがあるため，この本がお気に入りの１冊になる学生と，少しむずかしいと思う学生に分かれるようです。個人的には，他の本ではわかりにくい部分の解説が，違う角度から解説されていて，霧が晴れた経験が多々あります（たとえば，帰属所得の解説などは，とてもわかりやすいですよ）。

　わかりやすいテキストという意味では，**三木義一編『よくわかる税法入**

門〔第16版〕』（有斐閣選書，2022年）も，おすすめです。先生と学生の対話という会話形式で，租税法の重要なトピックがとりあげられている本です。入門書としても面白いと思いますし，中上級レベルになってからも，勉強になる1冊です。

判例百選よりも，多くの判例がケースで紹介されている本もあります。ロースクール用のテキストとしてつくられた，**金子宏・佐藤英明・増井良啓・渋谷雅弘『ケースブック租税法〔第5版〕』（弘文堂，2017年）**です。判例がたくさん引用されているため，ボリュームがあります（724頁）。百選と併用すれば，相当程度の判例・裁判例をカバーできる1冊です。

拙著になりますが，**木山泰嗣『分かりやすい「所得税法」の授業』（光文社新書，2014年）**も，おすすめです。「税法の本が，計算部分が中心になっているものが多いなかで，法律の原則から理解できる」と，法律家の方や実務家の方からも，ご好評をいただいている1冊です。

同書の応用編的な1冊が，**木山泰嗣『教養としての「所得税法」入門』（日本実業出版社，2018年）**です。最新判例も豊富に引用され，**木山泰嗣『教養としての「税法」入門』（日本実業出版社，2017年）**の続編として学べます。

試験勉強ということで考えると，さまざまな論点がコンパクトにまとめられた本に，**中村芳昭・三木義一編『演習ノート租税法（第3版）』（法学書院，2013年）**があります。わたしも，第3版から，執筆を担当した共著の本です。この本は，たとえば山林所得など，比較的細かい部分についても，わかりやすい解説がされています。重要部分ばかりが強調され，B〜Cランク部分が抜け落ちがちな租税法のテキストが多いなかで，網羅的に，くまなく勉強できる本です。記述そのものは『スタンダード所得税法』のようなわかりやすさまではありませんが，余計な記述もありませ

ん。中級以上向けといってもよいかもしれませんね。要点をおさえるには最適な1冊です。

　増井良啓『租税法入門〔第2版〕』（有斐閣，2018年）もあります。入門にしては細かいことも書かれており，いっけんむずかしいと思われるかもしれません。でも，よく読んでみると，他の租税法では書かれていないような，「かゆいところ」にも手が届いた内容になっています。この本は，初級レベルというより，司法試験などの試験勉強をするときに役立つ1冊ではないかと思います。所得税と法人税に焦点をあてた1冊ですが，いずれも事例が，いかにも試験に出そうなものになっているからです。

　中里実・弘中聡浩・渕圭吾・伊藤剛志・吉村政穂編『租税法概説〔第4版〕』（有斐閣，2021年）は，幅広く租税法を概説した好著ですが，版を重ねて内容も充実度が増しています。他のテキストを読んでいても説明されていない「なぜ？」に答える解説が1，2行でさらりと説明されている箇所も多く，詳細な説明はなくとも，疑問への解答やヒントがみつかりやすい教科書といえます。

　岡村忠生・酒井貴子・田中晶国『租税法〔第3版〕』（有斐閣，2021年），浅妻章如・酒井貴子『租税法』（日本評論社，2020年）も，コンパクトなテキストとして，租税法を概観するために短い時間で読める1冊です。

　所得税法について，わからないことなどがあり，細かいことまで含めて調べたい，というときに役立つ本もあります。通読には適しませんが，**注解所得税法研究会編『注解所得税法〔6訂版〕』（大蔵財務協会，2019年）**です。所得税法のみを解説した本なのに，なんと1,353頁もある大部な1冊です。立法経緯なども書かれています。所得税法でわからないことがあったときには，必ず答えか少なくとも，ヒントをもらえる本です。

　「そこまで分厚い本は，いらない」という人におすすめなのは，**酒井克**

彦『所得税法の論点研究』（財経詳報社，2011年）です。所得税法だけを
扱った本ですが，この本も細かい部分まで解説されています。他の本では
わからないことがあるときに，使える1冊だと思います。酒井先生の文体
が読みやすくてわかりやすい（かつ関連する判例情報なども詳細である）
という点にも，特長があります。

　「租税法」の学習は，司法試験レベルですら，所得税法が大半をしめて
いて，法人税法は2〜3割程度です。
　法人税法だけに特化したわかりやすい入門書には，以下のものが挙げら
れます。まずは，**渡辺徹也『スタンダード法人税法〔第2版〕』（弘文堂，
2019年）**です。また，**木山泰嗣『分かりやすい「法人税法」の教科書』
（光文社，2019年）**もあります。両著とも，これまで法人税法のテキスト
が少なかったところに，近年刊行がされたものです。
　ほかにも，**三木義一編著＝藤本純也・安井栄二著『よくわかる法人税法
入門〔第2版〕』（有斐閣選書，2015年）**もあります。この本は，先にご紹
介した『よくわかる税法入門』のシリーズで，会話形式の読みやすい本で
す。それでありながら，内容的には，相当に高度なレベルまで記述がされ
ています。
　司法試験レベルで，法人税法をもう少しつっこんで勉強したい，という
人もいるでしょう。972頁もある分厚い本ではありますが，**酒井克彦『裁
判例からみる法人税法〔3訂版〕』（大蔵財務協会，2019年）**があります。
多くの判例を扱っていて，勉強になると思います。
　もっとも，ここまで読まなくても，司法試験には合格できますので，法
人税法の判例を詳しく知りたい人向けの本といえます。

　書籍ではありませんが，税務大学校のホームページからPDFを閲覧（ダ
ウンロード）できる**『税大講本』（税務大学校）**は，実務的な具体例まで

幅広くおさえながら，わかりやすいコンパクトな解説がされています。

　国税庁のホームページをみると（「税大講本」で検索するのが早いです），『税法入門（令和3年度版）』『所得税法（令和3年度版）』『法人税法（令和3年度版）』などがPDFで掲載されています（毎年改訂されます）。司法試験受験生の合格者には，少なからず目を通している人がいるようです。具体的に理解できる点に，強みがある1冊です。事例問題のヒントになる可能性があるため，司法試験を目指している人は，余力がでてきたら（余力がでてきたらで充分です），ざっと読んでみるとよいでしょう。きっと，新しい発見があるはずです。

　本書でも触れましたが，租税法には「行政法」としての側面もあります。試験的には「租税法」の出題としては少ないです。でも興味があってそのあたりについても深く学びたい，という人には，**酒井克彦『クローズアップ　租税行政法〔第2版〕』（財経詳報社，2016年）**があります。租税確定手続，税務調査，滞納処分などについて，コンパクトにまとめられています。ざっと目を通すだけでも，行政法としての租税法が浮かび上がってくる1冊です。

　租税法という「法律」の側面からだけではなく，別の観点から，日本の税金（税制）を概観したい。そういう人には，**三木義一『日本の税金〔第3版〕』（岩波新書，2018年）**がおすすめです。一般書ですが，日本の税金を網羅的に扱っていて，内容も高度ではあります。ある程度，租税法の勉強が軌道に乗ってきたら，パラパラと，面白そうなところだけでも読んでみるとよいと思います。

　財政学の視点から租税法を眺めてみたい人には，**神野直彦『税金常識のウソ』（文春新書，2013年）**がおすすめです。租税法の教科書とは異なる

アプローチですが，ワールド・ワイドで，歴史的な視点も提示してくれる内容です。新書ですが，専門性も高く，でも，わかりやすいです。教科書のように読めると思います。租税法をある程度勉強してから読んでみると，一挙に視野が広がる1冊だと思います。

　なお，本格的な基本書として，**神野直彦『財政学〔第3版〕』**（有斐閣，2021年）は，次に読む1冊になるでしょう。

　法学部，法科大学院では，深く勉強することは求められませんが，法人税法で「公正処理基準」として登場する企業会計についてもあわせて学びたい，という方には，最近とても整理された1冊が刊行されました。ボリュームはありますが，租税法の学習から会計を眺めるには大変優れた本だと思います。**酒井克彦『プログレッシブ税務会計論Ⅰ〜Ⅳ』**（中央経済社，2018〜2020年）です。

　法人税法の学習のために，あわせて会計学も学びたい，という方には，税法の本ではありませんが，**桜井久勝・須田一幸『財務会計・入門〔第14版〕』**（有斐閣，2021年），**桜井久勝『財務会計講義〔第21版〕』**（中央経済社，2020年）を挙げておきます。とてもわかりやすい本です。順に読むことをおすすめします。

　近年その重要性が説かれる「課税要件」についてまとめられた著書もあります。本書のシリーズ第2弾にあたる**木山泰嗣『入門課税要件論』**（中央経済社，2020年），**酒井克彦『クローズアップ課税要件事実論〔第4版改訂増補版〕』**（財務詳報社，2017年）などです。

　最後に，法的三段論法という法的視点の基本を税法から学ぶことができる新感覚のテキストとして，**木山泰嗣『リーガルマインドのあたらしい教科書』**（大蔵財務協会，2022年）も挙げておきます。

第8章

租税法のリサーチ

1. 条文のリサーチ
2. 判例のリサーチ
3. 論文のリサーチ
4. その他の資料のリサーチ

　本書は，あくまで「超入門」という位置づけです。そのため，詳細な専門的なリサーチ方法は，この本の読者の方に不要と思います。

　ただ，本書をきっかけとして，興味をもって「租税法のさまざまな情報を調べて学んでいきたい」と思われた方のために，知っておくと役立つ情報アクセスの方法を簡単に示します。

1 条文のリサーチ

　租税法の条文（現行法）については，インターネットでいつでもどこでもアクセスが可能です。他の法令も同様ですが，「所得税法」「法人税法」「相続税法」「消費税法」「国税通則法」「地方税法」などの「法律」はもちろん，「所得税法施行令」「所得税法施行規則」といった行政機関の制定した命令（政令・省令）についても，**e-Gov（イーガブ）**という電子政府のウェブサイトにアクセスすれば，全条文をみることができます。

　また，国税庁長官による「所得税基本通達」「法人税基本通達」「相続税法基本通達」「消費税法基本通達」などの「通達」，さらには「申告所得税及び復興特別所得税の過少申告加算税及び無申告加算税の取扱いについて」のような「事務運営指針」，「役員給与に関するQ&A」のようなQ&Aについても，**国税庁ウェブサイト**の「**法令等**」にある「**法令解釈通達**」などで閲覧が可能です。

　過去の条文は，D1-Law，Super法令，判例秘書などの有料データベースのほか，各種図書館に設置されていることが多いデータベース（過去の六法のデータ収録等）で調べることができます。無料の媒体としては，法律番号から過去の法令の法文（改正法を含みます）の原本を，デジタル画像として検索・閲覧できる「**国立公文書館デジタルアーカイブ**」があります。

　なお，各種租税法の個別の条文について，条文ごとに立法経緯や法解釈の情報（判例等）を調べることができる点で優れているのが，逐条形式で各種租税法のラインナップがそろっている**武田昌輔監修『DHCコンメンタール』（第一法規〔加除式〕）**です。詳細を調べたい租税法の条文がある場合，図書館などで同書を文番号で紐解き調べるとよいでしょう。

2 判例のリサーチ

　判例（下級審裁判例・最高裁判例）については，大学等の教育機関で有料契約しているデータベース（LEX/DB，West Law Japan，判例秘書など）が有用ですが，無料で閲覧できるものに**裁判所ウェブサイト**の「**裁判例検索**」があります。

　数は限られていますが，少なくとも，租税法のテキストに登場する最高裁判例はほとんどが閲覧可能ですし，出たばかりの最新の最高裁判決についても有料データベースに掲載されるよりまえから（通常，判決言渡日から），閲覧できます。最高裁判決に限らず，下級審判決も重要なものは掲載されています。この点で，裁判所ウェブサイトは，ありがたいデータベースといえます。

　判決文が掲載された判例集は有料データベースを活用しない限りは，図書館で調べるほかないですが，インターネットで閲覧できる判例集として，**国税庁ウェブサイト**の「**税務訴訟資料**」（ただし，掲載されているのは，直近10年分くらいです），法務省ウェブサイトの「**訟務重要判例集データベース**」（訟務月報を閲覧できるデータベース）があります。

　国税不服審判所の裁決については，**国税不服審判所のウェブサイト**の「**公開裁決事例集**」を活用すると，さまざま参照することができます。裁判所の判決文と異なり，本来は非公開のものですが，国税不服審判所が重要と思われるものについて，公表しているもので，「国税通則法関係」「所得税法関係」「法人税法関係」「相続税法関係」といったように，関係税法ごとに調べることができます。

3 論文のリサーチ

　租税法に関する論文の探し方は，法学雑誌や税務雑誌に掲載されたものや，論文集（著名な租税法学者などの古稀記念論文集なども含みます）に多くが収録されています。その検索方法については，さまざまありますが，有料データベースでデータ上閲覧できるもので網羅することはできないため，図書館の利用が必須にはなるでしょう。

　特定のテーマに関する論文の所在を探す方法としては，租税法の論文の引用が多い体系書の該当箇所を探し，その脚注に挙げられている論文にあたる方法があります。たとえば，本書でたびたび言及した**金子宏『租税法』**は脚注に豊富な文献情報が掲載されているので，租税法論文のインデックスとして活用することもできます。ほかにも，**水野忠恒『大系租税法』**などでも，脚注に論文が挙げられています。

　インターネット上で検索して，無料で全文が読める論文（PDFデータ）もあります。**税務大学校ウェブサイト**に掲載されている「**税大論叢**」「**税大ジャーナル**」は，当局の方を中心に最先端の詳細な論文の宝庫です。「**税研JTRI**」「**税務事例研究**」なども，有料会員でない方でも，**公益財団法人日本税務研究センターのウェブサイト**で最新のものは無料で閲覧できます。各種大学・大学院の紀要論文は，最近のものは多くが「機関リポジトリ」登録されており，PDFで全文を無料で閲覧できるものが増えています。こうした図書館等に足を運ぶことなく，パソコンでもスマホでもタブレット端末でも容易に検索でき閲覧できる論文も意外とあります。

4 その他の資料のリサーチ

　国税庁ウェブサイトはすでに挙げましたが，その他の情報も満載です。特に「**タックスアンサー（よくある税の質問）**」は，調べたい項目で検索すると上位に出てくることが多く，改正があったものでも，現行法の状況や改正前の状況も整理されていたり，参照条文も挙げられています。

　たとえば，本書では基本部分のみ紹介した法人税率なども，図表で整理されており（国税庁「No.5759　法人税の税率」参照），特定の条文を読むだけでは全体像がみえない制度の横断的な理解などについて，確かな情報として有効活用できます。

　財務省ウェブサイトの「税制」覧にはさまざまな税の情報があります。たとえば，「**毎年度の税制改正**」をみると，最新の税制改正の情報が詳細にまとめられています。新旧対照表もあるので，改正後の条文のどこがどのように変わったのかを一覧することができます。

　ほかにも，税制改正の方向性を整理したものが示される「税制調査会の答申」は，**日本租税研究会ウェブサイト**に過去のものが，昭和24年7月「税制改正に関する中間報告」から令和の最新のものまで，全文掲載されています（「**税制調査会答申集**」）。

あとがき（改訂版）

いかがでしたでしょうか。租税法の輪郭<ruby>輪郭<rt>りんかく</rt></ruby>はみえてきましたか。

　本書を最後まで読み切ることができたあなたは，ある程度，租税法について授業などで学んだことがあった方か，そうでなくても，租税法を学習する意欲がとても高い方か，相当のがんばり屋さんだったのではないかと思います。

　最後まで読み切ることができたということは，もうそれだけで，租税法をマスターする素養はあるといってよいと思います。

　わからないことが多かった，やはりむずかしかった，という感想もあるかもしれませんが，**法律の学習は反復継続も必要になります。わからなかったことは気にせず，また何度も読み返してください。**そうすればきっと細かいことまでわかるようになる日が来ます。

　なかなかしんどく，読み切ることはできなかったけど，途中までは読んで，イメージはつかめた（それで，とりあえず「あとがき」が読みたくなって，このページにたどりついた）というあなたも，なかなかセンスがあると思います。

　法律の学習は，通読も重要ですが，まずは全体のイメージをつかむことが大切だからです。また，本書はできるかぎり通読できるようにつくりましたが，最初は用語もむずかしいと思いますので，自分である程度読んで途中で終えるのも，興味があるところだけを飛ばし読みするのでも，きっかけとしては十分に意味があると思うからです。

　どうか，その感覚を大切にしながら，またあらためて租税法にチャレン

ジしようと思われたときには，本書の通読にもトライしてみてください。**分厚い体系書と異なり，本書は通読ができるようにつくられていますし，通読することにも意味がある構成になっています。**

　本書の担当編集者である中央経済社の奥田真史さんとは，同社の税務専門誌（月刊誌）である『税務弘報』の編集をご担当されていた2007年ころに知り合い，それ以降，大変勉強熱心な方でいらして，同誌の原稿のご依頼等はもちろん，そうではないときでも，わたしの所属する法律事務所におみえになり，意見交換をしてまいりました。2015年4月から大学教員に転身した後も，わたしのゼミのゲストに2度お越し下さり，学生もお世話になってきました。このたび，2015年3月の刊行から月日も経ち，改訂の機会をいただきました。編集でも大変お世話になりました。

　租税法とのかかわりが，弁護士実務をしてからスタートしたわたしにとって，わかりやすい租税法の入門書は，新人弁護士のころ，のどから手がでるほど欲しかった書籍です。
　その後，実務で得た租税法の感覚を，あらためて体系書を読むことで学習し直し，2011年度からロースクールで授業をする機会を得ました。この経験から，租税法で最初に学ぶべき「基本事項」をつかむことができました。それを書物で表現するには，さらに時間を重ねた5年後や10年後や，それ以降ではなく，いまが1番よいタイミングではないかと思ったのが，大学教員になる直前の2015年3月の刊行でした。

　通常の入門的な体系をくずしたうえで，入りやすい構成を考え直した本書が，想定する読者の方（法学部生，法科大学院生など，租税法をコンパクトに学びたいと思っている人）にとって，どこまで意義のあるものになったかは，執筆当時はわかりませんでした。ただし，できるかぎりの工

夫をしました。

　その後，毎年およそ300人近くの受講者が集まる法学部の税法の授業を
さらに 7 年行うことで，本書は本当によいタイミングで刊行したものだと
気づくことができました。年数を重ねるほど，初学者の感覚から離れてし
まうところもあるからです。

　今回，必要と思われるところに手を加えましたが，超入門の基本は変わ
らず，初版の内容に普遍性があったことを，改めて確認することができま
した。

　租税法も，法律の 1 つであり，条文からスタートします。条文が基盤に
ある以上，解釈論があり，判例があり，学説があります。

　きわめて実務的な科目なので，実務上の取扱い（通達など）も，ある程
度は知る必要があります。しかし，それはそれで，実社会で使われている
法律の適用場面をみることになり，租税法を学習する人にとってはまさに
「おもしろい」ものだと思います。

　「租税法，おもしろい！」と思っていただけたのであれば，それだけで
本書は成功だと思っています。そして，そう思われたあなたは，きっとこ
れから，わくわくしながら，さらに本格的な租税法の勉強に進んでいただ
けるのではないかと思います。

　歩み始めてみると，さらにおもしろく深い世界が見えてきますよ，きっと。

　最後までお読みくださいまして，ありがとうございました。

2022年 2 月

木 山 泰 嗣

■著者紹介

木山　泰嗣（きやま　ひろつぐ）

青山学院大学法学部教授（専攻は税法）

横浜生まれ。上智大学法学部法律学科卒。2001年司法試験合格。2003年弁護士登録（第二東京弁護士会）。2015年4月から青山学院大学法学部教授に就任。

著書に『税務訴訟の法律実務』（弘文堂・第34回日税研究賞「奨励賞」受賞），『新・センスのよい法律文章の書き方』（中央経済社），『入門課税要件論』（同），『小説で読む民事訴訟法』（法学書院），『小説で読む租税法』（同），『分かりやすい「所得税法」の授業』（光文社新書），『反論する技術』（ディスカヴァー・トゥエンティワン），『教養としての「税法」入門』（日本実業出版社），『分かりやすい「法人税法」の教科書』（光文社），『税法思考術』（大蔵財務協会），『リーガルマインドのあたらしい教科書』（同）などがある。本書で，単著64冊目。

「むずかしいことをわかりやすく」，そして「あきらめないこと」がモットー。

twitter：kiyamahirotsugu

超入門　コンパクト租税法（第2版）

2015年 3 月 1 日　第 1 版第 1 刷発行	著　者　木　山　泰　嗣
2021年 5 月15日　第 1 版第 6 刷発行	発行者　山　本　　　継
2022年 3 月20日　第 2 版第 1 刷発行	発行所　㈱中央経済社
	発売元　㈱中央経済グループ　パブリッシング

〒101-0051　東京都千代田区神田神保町1-31-2
電話　03（3293）3371（編集代表）
03（3293）3381（営業代表）
https://www.chuokeizai.co.jp
製版／三英グラフィック・アーツ㈱
印刷／三　英　印　刷　㈱
製本／㈲　井　上　製　本　所

© 2022
Printed in Japan